数字经济与高质量发展丛书

北京市属高校分类发展项目
"'两区'建设助力扩大开放，实现首都高质量发展"的资助成果

进口竞争对中国企业出口绩效的影响研究

连慧君 ◎ 著

首都经济贸易大学出版社
Capital University of Economics and Business Press
·北京·

图书在版编目（CIP）数据

进口竞争对中国企业出口绩效的影响研究／连慧君著．
--北京：首都经济贸易大学出版社，2024.1
ISBN 978-7-5638-3624-6

Ⅰ．①进… Ⅱ．①连… Ⅲ．①进口贸易-影响-企业
经济-研究-中国 Ⅳ．①F279.24

中国国家版本馆 CIP 数据核字（2024）第 012216 号

进口竞争对中国企业出口绩效的影响研究
连慧君　著

责任编辑	晓　地
封面设计	砚祥志远·激光照排　TEL：010-65976003
出版发行	首都经济贸易大学出版社
地　　址	北京市朝阳区红庙（邮编100026）
电　　话	（010）65976483　65065761　65071505（传真）
网　　址	http://www.sjmcb.com
E - mail	publish@cueb.edu.cn
经　　销	全国新华书店
照　　排	北京砚祥志远激光照排技术有限公司
印　　刷	北京九州迅驰传媒文化有限公司
成品尺寸	170 毫米×240 毫米　1/16
字　　数	178 千字
印　　张	11.25
版　　次	2024 年 1 月第 1 版　2024 年 1 月第 1 次印刷
书　　号	ISBN 978-7-5638-3624-6
定　　价	47.00 元

前　言

　　积极扩大进口是中国政府在新时代为推动更高水平对外开放、促进经济高质量发展实施的一项重大战略举措。近年来，为了积极扩大进口，中国政府颁布和实施了一系列的政策和指导意见，并举办了中国国际进口博览会。自2000年以来，中国进口贸易快速发展，2000—2020年，中国的货物贸易进口年均增长率高达12.42%。2019年，中国的货物贸易进口约占世界货物贸易进口总额的10.74%，仅次于美国。

　　目前，已有研究主要从进口规模、进口产品质量、进口来源地结构等视角研究进口对中国企业绩效的影响，但是，从进口竞争视角进行研究的文献还相对缺乏。扩大进口势必会加剧中国国内市场的竞争程度，使企业面临的进口竞争压力加大，中国企业能否适应进口产品扩张造成的竞争冲击影响，以及企业应该如何应对进口竞争，是当前政策制定者及国内学者亟须关注的重大现实问题。

　　近年来，受到世界经济衰退、贸易保护主义抬头等因素的影响，中国出口企业正面临前所未有的巨变与挑战。企业出口的特征主要表现为：①企业出口增速呈现明显下滑趋势，企业出口规模增长势头减弱。2000—2011年，中国出口的年均增长率高达20.27%；但2012—2019年，中国出口的年均增长率仅为2.88%。②出口产品质量偏低，核心竞争力不强。中国企业的出口存在"大而不强"的特点，尽管中国企业的出口技术含量稳步提升，但是，中国企业的平均出口产品质量与世界主要发达国家相比仍然存在较大差距。③企业出口国内附加值率不高，存在价值链"低端锁定"风险。尽管中国凭借廉价劳动力优势快速融入全球价值链分工体系，但是，中国企业的实际获利能力并不高，中国的出口贸易存在"大进大出，两头在外"的特征，企业的实际贸易利得远没有海关统计的出口总额那么高。如何提升中国企业的出口绩效也是学界亟须关注的重要现实问题。

基于以上背景，本书聚焦进口竞争对中国企业出口绩效的影响。本书提出的问题是，进口竞争是否会影响中国企业的出口绩效，若有影响，是正面影响还是负面影响？潜在的影响机制是什么？为了研究这一问题，本书从企业出口规模、出口产品质量、出口国内附加值率三个视角系统地考察了企业的出口绩效。其中，企业出口规模、企业出口产品质量、企业出口国内附加值分别反映了企业在出口贸易中获得的总收入、核心竞争力与实际利得。

本书的主要研究结论是：

（1）中国进口的典型事实。2000—2019 年，中国的进口规模快速增长，2019 年，中国的进口规模为 20 784 亿美元，是 2000 年的 9.23 倍。中国的进口来源地呈现多样化的变化趋势，从 2000 年的 187 个增加至 2019 年的 220 个。但是，中国的进口地区结构较为集中，主要集中于广东、上海、江苏等地区，2000 年，中国前三大进口地区的进口规模占总进口规模的比值高达 59.95%，2019 年这一比值仍高达 50.21%。中国进口的产品主要是中间品，其次是资本品，消费品进口最少，2019 年，中间品进口占比为 78.06%，资本品进口占比为 12.52%，消费品进口占比为 7.24%。对于大部分中国制造业行业而言，2000—2013 年，其面临的进口竞争水平呈上升趋势，其中，进口竞争程度比较高的制造业行业大多属于技术密集型行业，进口竞争程度较低的行业大多属于劳动密集型行业。

（2）中国企业出口绩效的典型事实。从出口规模看，2000—2013 年，中国企业的出口主要来源于出口集约边际（企业出口关系中单位"产品-目的地"的平均出口额），在历年的数据中，出口集约边际占企业出口总额的比重均超过 83%，而扩展边际（企业出口关系中"产品-目的地"数量）占企业出口总额的比重则不足 17%。外资企业、向高收入国家出口的企业、出口经验丰富的企业、多产品出口企业、多目的地出口企业的出口规模相对更高。从出口质量看，2000—2013 年，中国企业的平均出口产品质量呈先下降、后上升的变化趋势；向中低收入国家出口的产品质量、内资企业和单一产品出口企业的平均出口产品质量相对更高。从出口附加值率看，2000—2013 年，中国企业的平均出口国内附加值率呈上升趋势，出口国内附加值率介于 0.640 7~0.780 2 之间；一般贸易企业、内资企业、未进口中间品企业的出口国内附加值率相对更高。

（3）进口竞争对中国企业出口规模影响的研究结论。①进口竞争总体上有利于促进企业出口增长。其中，最终品进口竞争有利于通过集约边际促进企业出口增长，投入品进口竞争有利于通过扩展边际促进企业出口增长。②影响机制检验发现，一方面，进口竞争会侵蚀企业的国内市场份额，迫使企业转向国际市场，促进出口增长，产生市场挤出效应，且这一效应主要是由最终品进口竞争加剧导致的；另一方面，进口竞争有利于提升企业生产率，从而有利于降低企业生产成本，促进企业出口增长，且这一效应主要是由投入品进口竞争加剧导致的。③异质性分析发现，进口竞争更有利于私营企业、出口经验丰富的企业、劳动密集型企业的出口规模增长。④进一步拓展研究发现，进口竞争主要通过促进企业出口产品种类增加，进而促进企业出口增长；进口竞争有利于抑制企业出口规模波动。

（4）进口竞争对中国企业出口产品质量影响的研究结论。①进口竞争总体上不利于企业出口产品质量提升。其中，最终品进口竞争显著抑制了企业出口产品质量提升，投入品进口竞争显著促进了企业出口产品质量提升，且最终品进口竞争的抑制效应大于投入品进口竞争的促进效应。②影响机制检验发现，进口竞争迫使企业产生了气馁效应，通过降低研发投入抑制企业创新，进而对企业出口产品质量提升产生了不利影响，并且，较高程度的知识产权保护增加了企业引进吸收国外先进技术的难度和成本，不利于企业创新，强化了进口竞争对企业出口产品质量的抑制作用。③异质性分析发现，进口竞争对高生产率企业、内资企业、技术密集型企业、出口到中低收入国家企业的出口产品质量抑制作用比较显著，但是，进口竞争会显著促进低生产率企业出口产品质量提升。④进一步拓展研究发现，进口竞争在一定程度上会促使高生产率企业走"低质低价"的发展路线，低生产率企业走"高质高价"的发展路线；高质量产品进口竞争对高生产率企业的出口产品质量负面影响较大，但有利于促进低生产率企业的出口产品质量提升。

（5）进口竞争对中国企业出口国内附加值率影响的研究结论。①进口竞争总体上会降低企业出口国内附加值率。其中，最终品进口竞争对企业出口国内附加值率无显著性影响，投入品进口竞争显著降低了企业出口国内附加值率。②影响机制检验发现，一方面，进口竞争会促使企业调整中间要素投入结构，增加国外中间要素的相对使用量，减少国内中间要素的相对使用量，从而降低企业出口国内附加值率；另一方面，进口竞争有利于提升企业成本加成，进而促进企业出口国内附加值率增加，但是，成本加成的促进效应低于中间要素投入结构调整的抑制效应。③异质性分析发现，进口竞争有利于促进一般贸易企业、内资企业、未进口中间品企业提升出口国内附加值率，但是会降低加工贸易企业、外资企业、进口中间品企业的出口国内附加值率。④进一步拓展研究发现，国内市场一体化有利于削弱进口竞争对企业出口国内附加值率的负面影响，当市场一体化达到一定程度时，进口竞争会促进企业出口国内附加值率提升；上游行业面临的进口竞争增加会降低企业的出口国内附加值率，下游行业面临的进口竞争增加则有利于提升企业的出口国内附加值率。、

基于上述研究结论，本书得出的政策启示是：第一，国家在实施积极扩大进口的政策时，要高度重视进口冲击的风险防范问题。第二，积极发挥投入品进口对企业出口的积极作用。第三，高度重视消费品进口对企业出口的负面影响。第四，高度重视进口竞争对高生产率企业出口产品质量产生的负面影响。第五，需要进一步深入研究知识产权保护对进口竞争创新效应的真实影响。第六，积极推动国内大市场的形成，防范价值链"低端锁定"风险。

目　录

1 导 论

1.1 研究背景及研究意义

1.1.1 研究背景

积极扩大进口是中国政府立足国内外经济环境发生深刻变化的现实背景，着眼推动新一轮高水平对外开放，促进经济高质量发展实施的一项重大战略举措。开放市场、扩大进口对于促进国内国际要素有序自由流动，推动国内国际双循环相互促进具有重要的战略意义。

国家主席习近平在历届中国国际进口博览会开幕式上曾先后指出："中国主动扩大进口，不是权宜之计，而是面向世界、面向未来、促进共同发展的长远考量"[①]；"中国将更加重视进口的作用，扩大对各国高质量产品和服务的进口。"[②] 总的来看，积极扩大进口是中国对外贸易政策导向由传统的"重出口、轻进口"转变为"进出口并重"的一次重大转折，对于中国经济的高质量发展具有深远的影响。

扩大进口一方面有利于服务国内经济发展；另一方面有利于促进国内国际要素自由流动，提高资源配置效率。近年来，中国政府为了扩大进口，推

[①] 习近平. 共建创新包容的开放型世界经济：在首届中国国际进口博览会开幕式上的主旨演讲 [N]. 人民日报，2018-11-6 (3).

[②] 习近平. 开放合作 命运与共：在第二届中国国际进口博览会开幕式上的主旨演讲 [N]. 人民日报，2019-11-6 (3).

动对外贸易平衡发展，已陆续出台了一系列的政策和指导意见①。积极扩大进口已成为政府长期以来实施的一项重大战略方针，研究积极扩大进口对于国内企业的影响具有重要的现实意义。

中国加入 WTO 以来，进口贸易快速发展。2019 年，中国进口占世界进口的比值为 10.74%②。进口贸易的快速发展也使国内市场的竞争程度不断增加，进口产品的渗透率不断提高，国内企业面临的进口竞争程度不断增强。近年来，由进口扩张而产生的进口竞争冲击效应，已经成为当前学界研究的热点问题，尤其是随着中国出口贸易的快速扩张，国外的学者针对来自中国的进口竞争对欧美等国家的就业、工资收入、创新等方面的影响展开了大量的研究，部分研究发现，来自中国的进口竞争对进口国产生了负面竞争冲击影响（Mion and Zhu，2013；Balsvik et al.，2015；Greenland and John，2016；Bloom et al.，2016；Hombert and Adrien，2018；Autor et al.，2020）。那么，中国面临的进口竞争加剧是否会对国内企业产生负面冲击影响，以及中国企业该如何应对进口竞争冲击便是当前国内学者亟须研究的重大现实问题。

以往的研究在关注进口贸易对国内企业绩效的影响时，更多是从进口规模、进口产品质量等视角进行探讨，从进口竞争视角进行研究的文献相对较少。进口竞争是指由关税减让以及非关税贸易壁垒消除而引致大量国外产品进入本国市场，进而加剧国内市场竞争程度的一种经济现象，反映了产品的对外开放程度。进口竞争增加，一方面可能会挤占国内企业的市场份额，增加企业退出市场的风险；另一方面也可能会激发企业活力，倒逼企业转型升级，产生"鲶鱼效应"。鉴于此，不同于以往的研究，本书旨在从"中国视角"研究中国的进口竞争冲击效应，进而关注扩大进口的风险防范问题。

与进口情况类似的是，中国在加入 WTO 之后出口贸易发展迅速，这与中国凭借自身劳动力禀赋优势积极融入全球价值链分工体系密切相关。2019 年，

---

① 2012 年，党的十八大报告提出要坚持出口与进口并重；2014 年，《国务院办公厅关于加强进口的若干意见》提出实施积极的进口促进战略；2016 年，"十三五"规划纲要提出，积极扩大进口，优化进口结构；2018 年，《国务院关于扩大进口促进对外贸易平衡发展意见的通知》提出，在稳定出口的同时进一步扩大进口；2018 年，习近平总书记在博鳌亚洲论坛开幕式上提出，要主动扩大进口；2020 年，政府工作报告提出，要积极扩大进口。

② 数据来源：世界银行数据库。

中国出口占世界出口总额的比值高达 13.12%。2000—2019 年，中国出口的年均增长率为 12.90%，远高于这一时期世界主要发达国家出口的年均增长率，其中，美国的出口年均增长率仅为 3.99%，日本为 2.06%，德国为 5.36%，韩国为 6.22%①。出口贸易的快速扩张也给中国带来了巨大的争议，并引发了一系列的贸易摩擦，尤其是中美之间的贸易摩擦频繁发生。近年来，受世界经济衰退、贸易保护主义抬头等因素的影响，中国的出口企业正面临着前所未有的巨变与挑战。

　　企业出口的特征主要表现为：其一，出口增速呈现明显下滑趋势，企业出口规模增长势头减弱。2000—2011 年，中国出口的年均增长率高达 20.27%；但在 2012—2019 年，中国出口的年均增长率仅为 2.88%②。其二，企业出口产品质量偏低，出口核心竞争力不强。中国企业的出口存在"大而不强"的特点，尽管中国企业的出口技术含量稳步提升，但是中国企业的平均出口产品质量与世界主要发达国家仍然存在较大差距（施炳展和邵文波，2014）。其三，企业出口国内附加值率不高，存在价值链"低端锁定"风险。尽管中国凭借廉价劳动力优势快速融入全球价值链分工体系，但中国企业的实际获利能力并不高，中国的出口贸易存在"大进大出，两头在外"的特征，企业的实际贸易利得远没有海关统计的出口总额那么高。本书测算的统计数据发现，2000—2013 年，中国企业的平均出口国内附加值率介于 0.640 7 ~ 0.780 2 之间。

　　总的来看，中国的出口企业依靠人口红利在国际市场上获得的低价竞争优势正在逐渐消失，同时企业的出口产品质量以及出口国内附加值的俘获能力仍没有形成强有力的竞争优势。出口企业若想突破困境，亟须寻求提升核心竞争力的办法。如何促进企业出口规模持续增长、促进企业产品质量升级、促进企业出口国内附加值率提升，是当前学界亟须研究的重大现实问题。需要说明的是，在考核企业出口竞争力时，应综合考察企业的出口绩效。一般而言，出口规模反映了企业在出口贸易活动中获得的总销售额，出口产品质

---

① 数据来源：根据世界银行的货物贸易出口数据计算得到。
② 数据来源：根据世界银行的货物贸易出口数据计算得到。

量反映了企业在出口市场上的核心竞争力，出口国内附加值则反映了企业在出口贸易活动中获得的真实利得。

鉴于以上背景，本书提出的问题是，扩大进口会加剧国内市场面临的外部竞争冲击，而外部竞争冲击是否会对企业的出口绩效产生负面影响？若有影响，中国企业能否适应进口产品扩张造成的竞争冲击，以及企业应该如何应对进口竞争？基于此，本书从企业出口规模、出口产品质量、出口国内附加值率的视角衡量企业出口绩效，系统地分析进口竞争对中国企业出口绩效的影响。本书的研究，一方面有利于评估扩大进口对于国内企业的冲击风险；另一方面也有利于为国家在制定、调整、实施相关对外贸易政策时提供更加翔实可靠的理论依据和政策建议。

1.1.2　研究意义

本书旨在关注在中国政府实施积极扩大进口战略的背景下，进口竞争加剧是否会影响中国企业的出口绩效，进而从进口风险防范视角，为政府制定、调整和实施对外贸易政策提供具有参考价值的政策启示。具体而言，本书的研究目的主要有三个：首先，系统梳理中国进口的特征事实，以及企业出口规模、出口产品质量与出口国内附加值率的特征事实，以期为后续的理论与实证研究提供现实基础。其次，从理论视角系统地梳理进口竞争影响企业出口规模、出口产品质量、出口国内附加值率的理论机制，在此基础上利用微观企业数据，实证检验进口竞争对中国企业出口绩效的影响，进而考察扩大进口的冲击效应。最后，基于研究结论，为防范进口冲击风险、提升企业出口绩效提供有益的政策启示。本书的研究意义主要体现在以下两个方面：

首先，从现实意义看，积极扩大进口是中国政府在新时代，为推动新一轮高水平对外开放，促进经济高质量发展实施的重大战略举措。开放国内市场，积极主动地扩大进口已经成为中国未来很长一段时间内实施的一项重要对外贸易政策。进口贸易的快速增长必然会增加国内市场的进口竞争程度，甚至会对国内企业产生负面的竞争冲击影响。已有研究更多是从进口规模、进口产品质量、进口来源地结构等视角考察进口对国内企业发展的影响，从进口竞争视角进行研究的文献还相对缺乏。在中国政府实施积极扩大进口战略的背景下，关注扩大进口的风险防范问题便显得尤为重要。本书的研究，有利于政府评估积极扩大进口政策的风险效应，并为防范进口冲击风险、提升企业出口绩效提供有益的政策启示。

其次，从理论意义看，尽管一些学者针对进口竞争的经济效应已经展开了研究，考察了进口竞争对进口国就业、收入不平等、创新等方面的影响，但是从出口视角进行研究的文献还相对较少。事实上，对于大部分出口企业而言，它们首先是内销企业，其次才是出口企业。梅利茨（Melitz，2003）的研究表明，只有生产率达到一定阈值的企业，才能克服出口固定成本，实现出口，进口竞争加剧会影响企业的出口。此外，对于部分纯出口企业而言，由于其会使用国内的中间投入品，因此进口竞争增加会通过影响企业使用中间投入品的价格、种类与质量，进而影响企业的出口绩效。本书系统地揭示了进口竞争影响企业出口规模、出口产品质量、出口国内附加值率的机制，有利于丰富和完善现有相关学术理论体系。

1.2　研究思路、篇章结构与研究方法

1.2.1　研究思路

本书在中国实施积极扩大进口战略的背景下，从企业出口规模、出口产品质量、出口国内附加值率视角，系统地分析了进口竞争对中国企业出口绩效的影响，进而评估了积极扩大进口对国内企业的冲击效应。本书的研究思路是：①问题的提出，重点介绍本书的研究背景，引出本书关注的核心问题并阐述研究意义。②系统梳理进口竞争与企业出口绩效相关文献，并对现有研究文献进行述评，为本书的理论研究和实证研究提供文献基础。③归纳总结中国进口与出口企业出口绩效（出口规模、出口质量、出口国内附加值率）的典型事实，为本书后续的理论与实证研究提供现实基础。④从理论与实证视角考察进口竞争对企业出口绩效（出口规模、出口质量、

出口国内附加值率）的影响。⑤归纳总结本书的主要研究结论，并根据现存的问题提出具有针对性的政策建议，对未来的研究方向以及不足进行说明。

本书研究思路的总体框架如图1-1所示。

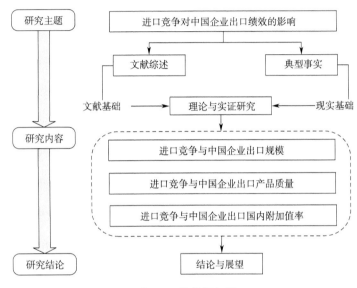

图1-1　总体框架图

1.2.2　篇章结构

基于上述研究思路，本书由7个章节构成，具体研究内容如下：

第1章导论。

第2章文献综述。本章系统梳理了进口竞争与企业出口规模的相关研究、进口竞争与企业出口产品质量的相关研究、进口竞争与企业出口国内附加值率的相关研究。在梳理已有相关文献的基础上，对相关文献进行了文献述评，以期为本书的理论与实证研究奠定基础，并通过综述已有研究的不足之处，为本书进一步研究提供思路与可能的创新点。

第3章中国进口与企业出口绩效的典型事实。本章主要对中国进口与出口企业出口绩效的典型事实进行了描述性统计分析。首先，本章从中国的进口总额、进口来源地结构、进口地区结构、进口行业结构、进口产品最终用途结构、进口商品结构、进口竞争等多个视角分析了中国进口的变化趋势及特征事实。其次，本章从中国整体出口规模、中国企业出口规模、异质性企业出口规模三个视角分析了中国企业出口规模的典型特征。异质性企业出口规模的分析涵盖了企业所有制视角、企业出口产品种类视角、企业出口目的地数量视角、企业出口目的地经济发展水平视角。然后，本章从中国企业出口产品质量、异质性企业出口产品质量两个视角分析了中国企业出口产品质量的典型特征。异质性企业出口产品质量的分析涵盖了企业出口目的地视角、企业所有制视角、企业出口产品种类视角。最后，本章从中国企业出口国内附加值率、异质性企业出口国内附加值率两个视角分析了中国企业出口国内附加值率的典型特征。异质性企业出口国内附加值率的分析涵盖了企业贸易方式视角、企业所有制视角、企业是否进口中间品视角。

第4章进口竞争对中国企业出口规模的影响。首先，本章对进口竞争影响企业出口规模的理论机制进行了分析，分别从进口产品的市场竞争效应、市场挤出效应、企业生产率效应三个视角进行阐述并提出了理论假说。其次，本章构建了计量模型，并对相关变量的测算以及使用的数据进行了说明。然后，在实证检验部分，对本章的核心问题进行了检验，并进行了一系列的内生性处理与稳健性检验，确保估计结果的稳健性，在此基础上又进行了影响机制检验，并基于企业所有制视角、企业出口经验视角、行业要素密集度视角、出口目的地经济发展水平视角进行了异质性分析。最后，在进一步扩展性分析部分，本章借鉴伯纳德等（Bernard et al.，2014）的做法，将企业扩展边际进行了进一步分解，针对进口竞争对企业出口扩展边际的影响进行了进一步分析。同时本章考察了进口竞争对企业出口规模波动的影响。

第5章进口竞争对中国企业出口产品质量的影响。首先，本章对进口竞争影响企业出口产品质量的理论机制进行了分析，分别从进口产品的市场竞争效应、企业创新效应、知识产权保护的调节效应三个视角进行阐述并提出了理论假说。其次，本章构建了计量模型，并对相关变量的测算以及使用的数据进行了说明。然后，在实证检验部分，对本章的核心问题进行检验，并进行了一系列的内生性处理与稳健性检验，确保估计结果的稳健性，在此基础上又进行了影响机制检验，并基于企业生产率视角、企业所有制视角、出口目的地经济发展水平视角、要素密集度视角进行了异质性分析。最后，在进一步扩展性分析部分，针对进口竞争对生产率异质性企业的影响进行了进一步分析。

第6章进口竞争对中国企业出口国内附加值率的影响。首先，本章对进口竞争影响企业出口国内附加值率的理论机制进行了分析，分别从进口产品的市场竞争效应、中间要素投入结构调整效应、成本加成效应三个视角进行阐述并提出理论假说。其次，构建了计量模型，并对相关变量的测算以及使用的数据进行说明。然后，在实证检验部分，对本章的核心问题进行检验，并进行了一系列的内生性处理与稳健性检验，确保估计结果的稳健性，在此基础上又进行了影响机制检验，并基于贸易方式视角、进口中间品视角、企业所有制视角进行了异质性分析。最后，在进一步扩展性分析部分，一方面考察了国家在推动国内大市场形成的背景下，进口竞争对企业出口国内附加值率的影响是否会受国内市场一体化的影响；另一方面，通过构建上下游关联行业的进口竞争指标，系统地考察了上游行业进口竞争、本行业进口竞争与下游行业进口竞争对企业出口国内附加值率的影响。

第7章结论与研究展望。

本书的具体技术路线图如图1-2所示。

1.2.3 研究方法

积极扩大进口是中国的一项长期对外贸易发展战略，立足于这一现实情况，本书基于中国微观企业数据库（工企与海关数据库）、UN Comtrade、CE-PII-BACI等多套数据库，从出口绩效视角考察了扩大进口的冲击效应，实证检验了进口竞争对中国企业出口规模、出口产品质量、出口国内附加值率的影响。本书所使用的研究方法包括如下几个方面：

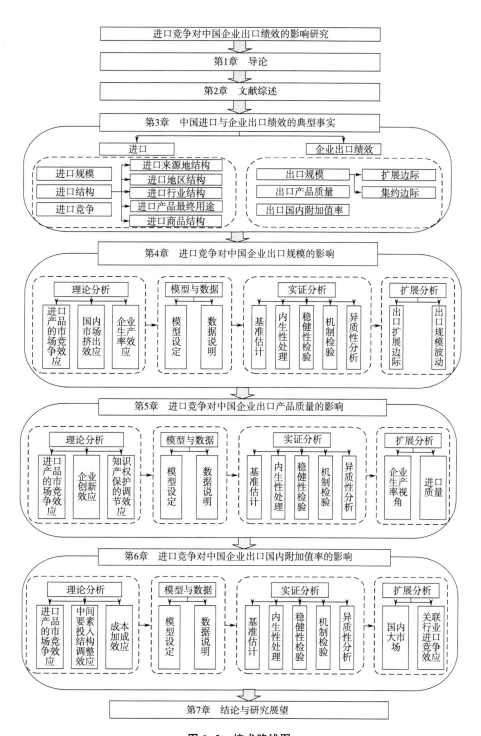

图 1-2 技术路线图

1.2.3.1 理论研究与实证研究相结合

在理论研究方面，本书结合已有研究文献和中国的现实情况，系统性地厘清了进口竞争影响企业出口规模、出口产品质量、出口国内附加值率的理论机制，并提出了相应的理论假说。在此基础上，本书基于中国微观企业数据库（工企与海关数据库）、CEPII-BACI、UN Comtrade 等多个数据库的相关数据，利用多维固定效应模型、两阶段最小二乘法（2SLS）、Tobit 模型、Probit 模型等多种计量方法，实证检验了进口竞争对中国企业出口绩效的影响并验证了本书的理论假说。

1.2.3.2 统计分析法

本书的统计分析方法主要体现在第 3 章。本书基于世界银行数据库、UN Comtrade 数据库、中国微观企业数据库（工企与海关数据库）等多个数据库的数据，对中国进口、进口竞争、企业出口规模、企业出口产品质量、企业出口国内附加值率的特征事实进行了多维度、多视角的统计分析，从而为本书的理论与实证研究提供了丰富的现实基础。

1.2.3.3 文献分析法

本书对出口规模边际分解的方法、出口产品质量的测算方法、出口国内附加值率的测算方法的相关文献进行了系统的梳理，为本书核心指标的测算提供了重要依据。此外，本书系统地梳理和回顾了进口竞争与企业出口规模的相关文献、进口竞争与企业出口产品质量的相关文献、进口竞争与企业出口国内附加值率的相关文献，为本书的理论与实证研究提供了坚实的文献基础。通过文献梳理，可以清晰地掌握当前相关研究的前沿与进展，并为本书的进一步研究提供思路以及可能的创新之处。

1.2.3.4 比较分析法

比较分析法几乎贯穿于本书的整个核心研究内容。在第 3 章的典型事实分析部分，本书结合横向比较法和纵向比较法对中国进口以及企业出口绩效的特征事实进行了归纳总结。第 4 章中比较了进口竞争对不同所有制企业、不同出口经验企业、不同要素密集度行业、不同出口目的地的出口规模的异质性影响。第 5 章中比较了进口竞争对不同生产率企业、不同所有制企业、不同出口目的地、不同要素密集度行业的企业出口产品质量的异质性影响。第6章中比较了进口竞争对不同贸易方式企业、不同进口中间品企业、不同所有制企业的出口国内附加值率的异质性影响。

1.3　研究的创新点

1.3.1　研究视角方面

已有文献主要从进口规模、进口产品质量、进口来源地结构、贸易自由化等视角考察进口对中国企业绩效的影响，而较少有研究关注进口竞争对中国企业出口绩效的影响。在国家实施积极扩大进口、推动国内经济高质量发展的现实背景下，政策制定者及国内学者应高度重视进口扩张对中国企业产生的竞争冲击影响，尤其是负面冲击影响，以便防范进口冲击风险。目前，学界关于进口竞争对于进口国经济影响的研究，大多是国外的学者针对来自中国的进口竞争对欧美等发达国家劳动力市场以及创新的影响，且不少研究发现来自中国的进口竞争对进口国产生了显著的负面影响。从中国视角研究进口竞争对中国企业出口绩效影响的文献则相对较少，本书的研究为进口冲击风险的相关文献提供了"中国故事"。

1.3.2　理论研究方面

目前考察进口竞争对企业出口影响的文献还相对缺乏，进口竞争如何影响企业出口规模、出口产品质量、出口国内附加值率的机制还尚未得到有力的论证。本书从进口产品的国内市场竞争效应、市场挤出效应、企业生产率效应视角系统地分析并论证了进口竞争对中国企业出口规模的影响；从进口产品的国内市场竞争效应、企业创新效应、知识产权保护的调节效应视角系统地分析并论证了进口竞争对中国企业出口产品质量的影响；从进口产品的国内市场竞争效应、中间要素投入结构调整效应、企业成本加成效应视角系统地分析并论证了进口竞争对中国企业出口国内附加值率的影响。本书的研究丰富和完善了现有相关学术研究的理论体系。

1.3.3　分析框架方面

本书从企业的出口规模、出口质量、出口国内附加值率视角系统地考察了进口竞争对中国企业出口绩效的影响。出口企业的高质量发展不仅体现在出口规模的增长上，还体现在出口产品质量的提升和出口国内附加值的俘获能力的提升上。因此，在关注某一特定因素对企业出口的影响时，应综合考察企业的出口规模、出口产品质量以及出口国内附加值率。已有研究在关注某一特定因素对出口的影响时，较少从企业出口规模、出口质量、出口国内附加值率视角进行全面分析，根据得出的研究结论，可能会提出片面的政策建议，进而对政策的精准实施造成干扰。本书的研究有利于为国家精准制定、调整和实施对外贸易政策提供有益的参考。

1.3.4　进口竞争指标体系的构建方面

本书拓展了多个层面的进口竞争指标，有利于更加全面地、系统地考察进口竞争对中国企业出口绩效的影响。本书不仅基于进口产品的最终用途视角构建了最终品进口竞争指标、投入品进口竞争指标，考察了不同进口产品构成的进口竞争对企业出口绩效的异质性影响，还构建了高质量产品进口竞争指标、低质量产品进口竞争指标、上游行业进口竞争指标、下游行业进口竞争指标，全面考察了进口竞争对中国企业出口的影响。本书为研究进口竞争冲击效应方面的相关研究拓展了研究边际。

2　文献综述

与本书相关的文献有三类：一是进口竞争与企业出口规模的相关研究；二是进口竞争与企业出口产品质量的相关研究；三是进口竞争与企业出口国内附加值率的相关研究。本章主要通过对以上三类相关文献进行回顾与梳理，以期为本书的理论与实证研究奠定基础，并通过综述已有研究的不足之处，为本书进一步研究提供思路与可能的创新点。

2.1　进口竞争与企业出口规模的相关研究

2.1.1　企业出口规模的边际分解方法

已有研究在分析企业出口规模时，通常会结合企业出口边际进行分析。通过对企业出口规模进行边际分解，可以精准地识别出企业出口增长的结构以及增长来源。目前，国内外学者已经从国家、行业以及企业等多个层面对出口规模进行了边际分解，由于分解形式众多，且未形成统一的分解标准，因此不同学者在对出口规模进行边际分解时，其分解方法存在较大的差异。进一步来看，出口规模的边际分解差异主要来源于不同学者对于出口扩展边际定义的不同。其中，在国家层面，余长林（2015）从出口产品种类视角，陈勇兵等（2012）、蒙英华等（2015）、余长林（2016）从出口企业数量视角，盛斌和吕越（2014）从产品与市场组合调整视角对扩展边际进行了界定，而集约边际则为国家出口总额与扩展边际的比值。在行业层面，王孝松等（2014）从行业内"产品-国家"数量视角，鲍晓华和朱达明（2013）从行业出口概率视角对扩展边际进行了界定，而集约边际为行业出口总额与扩展边际的比值。在企业层面，张杰等（2013）、蒋冠宏和蒋殿春（2014）、陈继勇和刘骐豪（2015）、孙浦阳等（2018）、侯欣裕等（2019）从企业出口概率视角，伯纳德等（Bernard et al.，2011）、伯纳德（Bernard，2014）、陈婷和向训勇（2015）从企业出口目的地数量、产品种类、出口覆盖率视角，贝思德和普鲁萨（Besede and Prusa，2011）、乌里贝－埃切瓦利亚和西尔文特（Uribe-Echevarria and Silvente，2012）基于静态定义法，从企业出口的"产品－国家"数量视角，张杰和郑文平（2015）、杨连星等（2015）基于动态信息变化，从企业出口的"产品－国家"数量视角，陈雯和孙照吉（2016）从企业进入、退出以及"产品－国家"数量视角对企业扩展边际进行了界定，而集约边际为企业出口总额与出口扩展边际的比值。

2.1.2　企业出口规模的影响因素

针对影响出口规模及出口边际的因素，现有学者已经从贸易壁垒（鲍晓华和朱达明，2013；王孝松等，2014）、贸易自由化（毛其淋和盛斌，2014）、对外直接投资（蒋冠宏和蒋殿春，2014）、融资约束（Minetti and Zhu，2015）、移民网络（蒙英华等，2015）、政府补贴（张杰和郑文平，2015）、知识产权保护（余长林，2016）、结构转型（项松林，2020）等多个视角考察了各自对国家或企业层面出口规模的影响。

其中，部分文献研究发现，当贸易壁垒增加或政策不确定性因素增加时，会抑制企业出口规模的增长。如技术性贸易壁垒增加、反倾销措施实施、贸易政策不确定性增加均会显著抑制企业出口增长（鲍晓华和朱达明，2013；王孝松，2014），其原因主要是这些因素的增加会导致出口成本相应提高。另外，部分文献研究发现，贸易开放、投资开放，以及国际人才政策开放有利于促进企业出口增长，如贸易自由化政策实施、对外投资政策实施、国际移民网络有利于促进企业出口增长（毛其淋和盛斌，2014；蒋冠宏和蒋殿春，2014；蒙英华等，2015）。此外，也有部分学者从政策制度角度研究了其对企业出口规模的影响。研究发现，政府补贴制度、知识产权保护制度、融资约束制度、结构转型均是影响企业出口的显著性因素（张杰和郑文平，2015；Minetti and Zhu，2015；余长林，2016；项松林，2020）。

除了以上因素外，与本书直接相关的文献还有一类，即关于进口与出口规模关系的研究，其中部分学者从进口中学、进口引致出口视角证实了中间品进口、进口产品种类增加有利于促进企业出口增长（Kasahara and Lapham，2006；张杰等，2014；Feng et al.，2016），其中，企业生产率提升是进口促进企业出口的一个主要机制。

总的来看，现有文献虽然从多个视角考察了影响企业出口规模的因素，但是从进口竞争视角进行研究的文献还相对缺乏。虽然目前部分文献从进口视角考察了进口对企业出口的影响，但更多的是从企业自身进口视角考察企业进口对企业出口的影响，对于未进口企业的考察相对较少。本书从行业层面的进口竞争视角进行分析，可以将不存在进口行为的企业也纳入分析范畴，有利于更全面地考察进口对企业出口的影响。此外，不同于已有研究，本书更多的是从竞争角度考察进口对企业出口规模的影响。

2.2 进口竞争与企业出口产品质量的相关研究

2.2.1 企业出口产品质量的测算方法

从现有研究来看，早期的研究主要采用单位产品的出口价格衡量出口产品质量（Rodrik，2006；Xu and Lu，2009），但是这种做法存在很大缺陷，因为产品的价格不仅包含产品质量信息，同时也包含成本与需求等因素变化的信息，因此，不少学者认为单位产品价格并不是衡量产品质量的最优指标（Kugler and Verhoogen，2012；Piveteau and Smagghue，2013）。坎德维尔等（Khandelwal et al.，2013）、施炳展和邵文波（2014）、张杰等（2014）、热尔韦（Gervais，2015）、余淼杰和张睿（2017）等从企业层面采用更精确的方法从产品价格信息中分离出出口产品质量，虽然不同学者测算企业层面的出口产品质量的方法还存在一定的差异，但是测算结果相较于单位产品价格更为科学。国内学者针对企业出口产品质量的测算已经进行了大量研究，但关于产品质量变化趋势的结论并不一致。施炳展和邵文波（2014）、余淼杰和张睿

（2017）的测算均发现，中国企业出口产品质量呈上升的变化趋势，而张杰等（2014）测算发现，中国出口产品质量总体表现出轻微下降的态势，但呈"U"形变化趋势。

2.2.2 企业出口产品质量的影响因素

关于企业出口产品质量影响因素的分析，不同学者从不同的视角展开了一系列探讨。其中，张杰等（2015）从政府补贴与市场竞争视角进行了考察，发现政府补贴会使得企业获得低价格竞争优势，从而展开低利润发展模式，抑制了企业提升出口产品质量的内在动力，而市场竞争会促使企业增加研发投入，激发企业提升出口产品质量的内在动力。许明（2016）从市场竞争与融资约束视角进行了考察，发现市场竞争和融资约束的相互作用会导致企业实际出口产品质量下降。许和连和王海成（2016）从最低工资标准视角进行了考察，发现最低工资标准显著抑制了企业出口产品质量提升。其原因可能是最低工资标准通过"成本效应""要素替代效应""人力资本投资效应""效率工资效应"四种渠道抑制企业出口产品质量。许家云等（2017）从中间品进口视角进行了考察，发现中间品进口通过中间产品质量效应、产品种类效应与技术溢出效应提升了企业出口产品质量。范等（Fan et al.，2018）也研究了中间品进口对中国企业出口产品质量的影响，发现进口关税降低导致低生产率企业提高了出口产品质量，原因在于关税下降后，低生产率企业相对高生产率企业更积极地使用高质量的中间投入品，从而提升了低生产率企业的产品质量。苏理梅等（2016）研究了贸易政策不确定性对中国出口产品质量的影响，研究发现贸易政策不确定性使得大量生产低质量产品的企业进入出口市场，从而降低了中国出口产品的总体质量。侯欣裕等（2020）从市场重复与侵蚀性竞争视角进行了考察，发现出口市场重合度越高，企业面临的侵蚀性压力越大，企业降低出口产品质量的幅度越大。

此外，与本书直接相关的文献还有一类，即关于进口竞争与出口产品质量关系的研究。近年来，进口竞争引致的经济效应已经成为学界关注的热点，尤其是国外的学者关注来自中国的进口竞争对进口国的就业、创新、出口产品质量、工资等方面影响的研究文献大量涌现（Autor et al.，2013；Amiti and Khandelwal，2013；Balsvik et al.，2015；Acemoglu et al.，2016；Greenland and John，2016；Bloom et al.，2016；Feenstra and Sasahara，2018；Feenstra et al.，2019；Autor et al.，2020）。其中，有不少研究发现，进口竞争对进口国产生了不利的经济影响。国内的部分学者也针对进口竞争对企业成本加成（钱学锋等，2016）、企业创新（魏浩等，2019）、企业就业（魏浩和连慧君，2020；赵宸宇，2020）、企业内部工资差距（严伟涛和赵春明，2016）、企业产品出口加成率（祝树金等，2019）等方面的影响进行了研究。与本书研究主题相关的主要是关于进口竞争对企业出口产品质量、企业创新影响的研究。基于此，本部分主要针对这两方面的文献进行梳理。

针对进口竞争对企业出口产品质量影响的研究，目前主要是基于西方国家的数据进行的。阿米蒂和坎德尔瓦尔（Amiti and Khandelwal，2013）以美国为研究对象，考察了关税下降引致的进口竞争对不同质量前沿的出口产品质量的影响，研究发现进口竞争一方面会产生逃离竞争效应（escape competition effect），从而促进靠近质量前沿的产品质量提升；另一方面会产生气馁效应（discouragement effect），降低远离质量前沿的产品质量。费尔南德斯和波诺夫（Fernandes and Paunov，2013）考察了进口竞争对智利企业出口产品质量的影响，研究发现进口竞争通过促进企业创新进而促进了智利企业出口产品质量的升级。马丁和梅让（Martin and Mejean，2014）以法国为研究对象，发现来自低收入国家的进口竞争有利于法国出口企业产品质量的升级，其原因主要是进口竞争会导致法国企业更倾向于投资生产其具有比较优势的高质量产品，从而使得法国企业生产的产品与低收入国家生产的产品不会产生直接的竞争关系。常和拉扎（Chang and Raza，2018）从理论视角考察了关税保护政策、自由贸易政策以及以提升产品质量为基础的产业补贴政策对企业产品质量升级的影响，研究发现，以提升产品质量为基础的产业补贴政策更有利于企业产品质量提升，并且能够同时实现消费者剩余、企业利润和社会福利的最大化。

另外，考虑到企业创新与企业出口产品质量有着直接的关联，近年来，国际学术界考察进口竞争对企业创新影响的研究相对较多，因此，本章也对进口竞争对进口国创新影响的文献进行了梳理。其中一类文献致力于研究进口竞争对高收入国家企业创新的影响。刘和罗塞利（Liu and Rosell，2013）研究发现，进口竞争通过降低美国企业的产品种类，从而对其基础创新产生了显著负面影响。另一类文献则重点考察来自中国的进口竞争对进口国企业创新的影响。其中，奥特尔等（Autor et al.，2020）研究发现，来自中国的进口竞争显著抑制了美国企业的创新。原因在于：一方面，来自中国的进口竞争降低了行业的盈利能力，从而抑制了企业增加研发投资的动机；另一方面，来自中国的进口竞争可能会改变美国民众的消费偏好，即偏好于成本更低的产品而非技术密集型产品，从而抑制了企业的创新动机。此外，来自中国的进口竞争使得美国企业的生产转移到成本相对较低的国家，企业研发与生产的分离会增加美国企业投资于先进生产技术的难度。与之不同的是，布卢姆（Bloom et al.，2016）研究发现，来自中国的进口竞争显著促进了欧洲国家的企业创新，使得劳动力更多地流向了技术密集型企业。此外，也有部分学者研究了进口竞争对中国企业创新的影响。魏浩等（2019）的研究发现，来自美国的进口竞争优化了中国企业的专利申请结构，促进了企业的发明专利申请量，产生了逃离竞争效应。而刘等（Liu et al.，2021）的研究发现，进口竞争抑制了中国企业创新，得出了与熊彼特效应一致的研究结论，并且未发现存在逃离竞争效应。

总的来看，已有文献针对影响企业出口产品质量的因素已经展开了丰富的研究，为本书奠定了一定的研究基础。从研究视角来看，目前虽然也有部分文献基于中间品贸易自由化视角考察其对中国企业出口产品质量的影响（许家云等，2017；Fan et al.，2018），但较少有文献利用实际的进口贸易额测算进口渗透率，进而考察国内市场实际面临的进口竞争对中国企业出口产品质量的影响。此外，虽然国外有部分学者研究了进口竞争对进口国企业创新以及企业出口产品质量的影响，但由于研究的对象（国家）不同，因此得出的结论也存在较大的差异，缺乏对中国政策的指导意义。

2.3 进口竞争与企业出口国内附加值率的相关研究

2.3.1 企业出口国内附加值率的测算方法

用出口国内附加值率概念替代贸易总量概念能够更真实地反映一国或企业的贸易利得和附加值的俘获能力。早期的出口国内附加值率是从国家宏观层面测算的，该类方法主要基于投入产出表，从国家参与垂直分工程度视角定义企业出口国内附加值率，即1-垂直分工程度，其中，垂直分工程度指出口产品中包含的进口中间品份额（Hummls et al.，2001）。在此基础上，迪恩等（Dean et al.，2011）、库普曼等（Koopman et al.，2012）对国家层面的出口国内附加值率的测算方法又进行了改进。库普曼等（Koopman et al.，2012）在汉姆尔斯等（Hummls et al.，2001）的基础上区分了不同贸易方式的中间投入比例。迪恩等（Dean et al.，2011）基于产品的最终用途对不同进口产品进行了识别，改进了之前的研究未区分不同进口产品而导致高估出口国内附加值率的问题。近年来，齐和唐（Kee and Tang，2016）、张杰等（2013）学者对企业层面的出口国内附加值率测算方法进行了研究，使得大量学者可以从企业层面研究影响企业出口国内附加值率的因素。

2.3.2 企业出口国内附加值率的影响因素

针对影响企业出口国内附加值率的因素，学界已经展开了丰富的研究。其中，部分研究发现，上游垄断（李胜旗和毛其淋，2017）、最低工资标准（崔晓敏等，2018）、市场分割（吕越等，2018）会降低企业出口国内附加值率。而部分研究发现，外资进入（毛其淋和许家云，2018）、FDI（张鹏杨和唐宜红，2018）、要素市场扭曲（高翔等，2018）、本币贬值（余淼杰和崔晓敏，2018）、贸易转型升级政策（胡浩然和李坤望，2019）、贸易自由化（毛其淋和许家云，2019）、产业集聚（邵朝对和苏丹妮，2019）、税收激励（刘玉海等，2020）、贸易网络（吕越和尉亚宁，2020）、服务业开放（邵朝对等，

2020)、市场潜力（韩峰等，2020）有利于促进企业出口国内附加值率的提升。

其中，企业成本加成是一个重要的传导机制。李胜旗和毛其淋（2017）、高翔等（2018）、崔晓敏等（2018）、毛其淋和许家云（2018）、余淼杰和崔晓敏（2018）、邵朝对和苏丹妮（2019）、毛其淋和许家云（2019）、邵朝对等（2020）分别发现，上游垄断、要素市场扭曲、最低工资标准、外资开放、本币贬值、产业集聚、贸易自由化、服务业开放等因素会通过影响企业成本加成进而影响企业出口国内附加值率。例如，高翔等（2018）的研究发现，要素市场扭曲通过成本加成效应在一定程度上降低了企业出口国内附加值率。毛其淋和许家云（2018）的研究发现，外资开放有利于通过提高企业成本加成进而促进企业出口国内附加值率。余淼杰和崔晓敏（2018）的研究发现，本币贬值有利于通过提高企业成本加成进而促进企业出口国内附加值率。邵朝对等（2020）的研究发现，服务业开放有利于提升企业成本加成进而促进企业出口国内附加值率的提升。

此外，中间要素相对价格、中间产品种类也是学者们经常关注的另外一条重要传导机制。高翔等（2018）发现，要素市场扭曲促使企业增加了国内中间产品的投入使用，从而提升了企业出口国内附加值率。毛其淋和许家云（2018）的研究发现，外资进入通过增加进口产品种类，促进了企业出口国内附加值率的提升。闫志俊和于津平（2019）的研究发现，出口企业的空间集聚会通过中间品替代效应促进企业出口国内附加值率的提升。韩峰等（2020）的研究发现，国内市场潜力和国外市场潜力均会通过中间品效率、种类等渠道影响企业出口国内附加值率。总的来看，已有文献针对影响企业出口国内附加值率的因素展开了丰富的研究，但是较少有研究从进口竞争视角进行考察。

2.4　文献述评

综上所述，已有文献针对企业出口规模的边际分解、出口产品质量和出口国内附加值率的测算方法进行了大量的研究，为本书的核心指标测算提供了科学依据。另外，已有文献针对影响企业出口规模、出口产品质量、出口国内附加值率的因素展开了丰富的研究，为本书奠定了一定的研究基础。但是，从进口竞争视角系统考察进口竞争对企业出口规模、出口产品质量、出口国内附加值率的文献还相对缺乏，尤其是从中国视角研究进口竞争对国内出口企业产生的竞争冲击效应的文献更是缺乏。具体来看，已有研究的局限主要体现在以下方面：

（1）从分析框架看，已有研究在分析影响企业出口的因素时，更多地从某一特定的视角单独切入研究，即要么研究影响企业出口规模的因素，要么研究影响企业出口产品质量的因素，要么研究影响企业出口国内附加值率的因素，较少有研究从企业出口规模、出口产品质量、出口国内附加值率等多个视角系统性地考察某一特定因素对企业出口绩效的影响。一般而言，出口规模、出口质量、出口国内附加值率分别反映了企业在出口贸易中获得的总收入、核心竞争力与实际利得。企业出口规模的快速扩张并不意味着企业出口产品的质量和出口国内附加值率一定较高，企业出口产品质量较高也并不意味着企业获得的真实利得也一定较高。在出口快速增长的同时，也应高度重视提升企业的出口产品质量以及出口国内附加值率，并防范国内企业被价值链"低端锁定"的风险。因此，在研究某一特定因素对企业出口的影响时，应综合考虑企业出口绩效的多个视角，从而避免局部和"碎片化"的分析，得出片面性的研究结论，对政策的精准实施造成干扰。

（2）从研究视角看，进口竞争对进口国产生的经济效应已经成为当前学界研究的一大热点问题。尤其是伴随中国出口贸易的快速扩张，国外学者研究来自中国的进口竞争对美欧等国家的就业以及创新影响的文献大量涌现，并且有不少研究发现，来自中国的进口竞争对进口国的就业、工资收入、创新等方面产生了较大的负面冲击影响。那么，进口竞争是否会对中国企业产生负面竞争冲击效应就成为国内学者亟须研究的一大现实问题。从出口视角看，目前研究进口竞争对中国企业出口影响的文献还相对缺乏，国外有部分学者研究了进口竞争对进口国企业出口产品质量的影响，但由于研究的对象（国家）不同，因此得出的结论也存在较大差异，缺乏对中国政策的指导意义。此外，国内也有部分文献基于中间品贸易自由化视角考察了其对中国企业出口的影响（许家云等，2017；Fan et al.，2018），但关税指标在衡量进口竞争时也存在一定的局限性，本书将借鉴米昂和朱（Mion and Zhu，2013）、卡马尔和洛维（Kamal and Lovely，2017）等人的做法，采用行业进口渗透率衡量进口竞争，相比于关税指标，进口渗透率的优势体现在：①利用实际的进口贸易额测算的行业进口竞争程度，可以更直观和更真实地反映国内企业面临的进口竞争程度，尤其是考虑到美日欧等发达国家对华高技术产品出口管制的影响，低进口关税未必代表国内实际面临的进口竞争程度一定较高。②利用实际的进口贸易额测算的行业进口竞争程度，可以同时反映由关税下降和其他非关税壁垒消除而引致的实际进口产品扩张带来的竞争效应。

（3）从理论与实证研究看，在理论方面，现有研究针对进口竞争对企业出口规模、出口产品质量、出口国内附加值率影响的机制还没有进行系统性的分析，影响机制尚不清晰，进口竞争会通过何种渠道影响企业出口绩效有待深入考察。在实证研究方面，还较少有构建最终品进口竞争、投入品进口竞争、高质量产品进口竞争、低质量产品进口竞争、上游行业进口竞争、下游行业进口竞争等多个进口竞争指标体系综合考察进口竞争对国内企业产生影响的文献。

鉴于此，本书在已有研究的基础上，结合中国微观企业数据（工企和海关数据库）、CEPII-BACI 数据库、投入产出表等多个数据库，从理论与实证视角全面考察进口竞争对中国企业出口绩效的影响，进而从"中国视角"系统性地分析进口扩张产生的竞争冲击对国内企业出口产生的影响。

3 中国进口与企业出口绩效的典型事实

在实证分析进口竞争对中国企业出口绩效的影响之前，有必要对中国进口与企业出口绩效的现状及其变化趋势有个初步了解。鉴于此，本章旨在分析中国进口、企业出口规模、出口产品质量、出口国内附加值率的典型事实，以期为本书的理论与实证研究提供现实基础。

3.1 中国进口的典型事实

3.1.1 中国进口规模

自 2000 年以来，中国的进口规模①总体呈现快速增长的变化态势。进口规模从 2000 年的 2 251 亿美元增长至 2019 年的 20 784 亿美元，2019 年比 2000 年增加了约 8.23 倍，年均增长率为 12.41%。具体来看，2000—2008 年，中国的进口规模呈现持续的上涨趋势，年均增长率高达 22.38%，远高于这一时期世界进口规模的年均增长率 12.03%，说明中国加入世界贸易组织后，进口规模进入了超高速增长的发展阶段。2009 年，中国的进口规模同比下降了 11.19%，值得关注的是，2009 年世界进口规模同比下降了 22.96%，说明即使在世界经济发展不景气的情况下，中国在稳定世界贸易方面仍做出了重要的贡献。2010—2014 年，中国的进口贸易恢复了持续增长的变化趋势，但增长速度进入了一个相对较低的区间，年均增长率仅为 8.84%。2015—2016 年，受世界经济衰退的影响，中国和世界的进口规模均呈现出明

---

① 本章的进口规模特指货物进口规模，不涉及服务进口规模。

显的负增长变化趋势。2017—2018 年，进口规模又呈现上升的变化趋势，但在 2019 年，中国和世界的进口规模又呈现出一定幅度的下跌。总的来看，自 2008 年之后，中国的进口规模呈现波动上升的变化趋势，且这一变化趋势与世界进口规模的变化趋势高度一致（见图 3-1）。

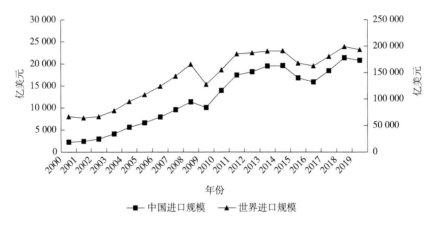

图 3-1　2000—2019 年中国的进口规模

数据来源：世界银行。

从中国进口占世界进口的比重看，中国进口在世界进口中的地位稳步提升（见表 3-1）。2000 年，中国进口仅占世界进口的 3.37%，2013 年，中国进口已超过世界进口的 1/10，并且在 2019 年达到历史最高份额 10.74%。

表 3-1　2000—2019 年中国的进口规模

年份	中国进口规模（亿美元）	世界进口规模（亿美元）	中国进口占世界进口的比值（%）
2000	2 251	66 821	3.37
2001	2 436	64 390	3.78
2002	2 952	66 893	4.41
2003	4 128	78 086	5.29
2004	5 612	95 186	5.90
2005	6 600	108 385	6.09
2006	7 915	124 282	6.37

续表

年份	中国进口规模（亿美元）	世界进口规模（亿美元）	中国进口占世界进口的比值（%）
2007	9 561	143 353	6.67
2008	11 326	165 772	6.83
2009	10 059	127 713	7.88
2010	13 962	155 111	9.00
2011	17 435	185 195	9.41
2012	18 184	187 427	9.70
2013	19 500	190 534	10.23
2014	19 592	191 365	10.24
2015	16 796	167 922	10.00
2016	15 879	162 689	9.76
2017	18 438	180 553	10.21
2018	21 357	199 101	10.73
2019	20 784	193 430	10.74

数据来源：世界银行。

3.1.2 中国进口结构

3.1.2.1 中国进口来源地结构

从进口来源地数量看，中国的进口来源地从 2000 年的 187 个增加至 2019 年的 220 个，呈现进口来源地多样化的变化趋势[①]。进一步从中国进口来源地结构视角看（见表 3-2），2000 年，中国从前 20 大进口来源地的进口规模占中国总进口的份额为 83.17%，到 2019 年，中国从前 20 大进口来源地的进口规模占中国总进口的份额降为 71.25%，这一结果与中国进口来源地呈现多样化变化趋势有关，在一定程度上表明中国的进口集中度下降，进口依赖风险降低。更进一步来看，2000 年，中国进口规模最大的 5 个国家（或地区）分别是日本、中国台湾、韩国、美国、德国，进口规模分别为 415 亿美元、255

---

① 数据来源：UN Comtrade。

亿美元、232 亿美元、224 亿美元、104 亿美元，占中国总进口的比值分别为 18.44%、11.33%、10.31%、9.94%、4.62%。2019 年，中国进口规模最大的 5 个国家（或地区）分别是韩国、中国台湾、日本、美国、澳大利亚，进口规模分别为 1 736 亿美元、1 728 亿美元、1 715 亿美元、1 232 亿美元、1 196 亿美元，占中国总进口的比值分别为 8.39%、8.35%、8.29%、5.96%、5.78%。可以看出，从 2000 年到 2019 年，中国从前 5 大进口来源地的进口规模虽然呈现较大幅度的增长趋势，但是其占中国总进口的比值却呈现较大幅度的下跌趋势，这也进一步说明中国从主要进口来源地的进口依赖程度呈现明显下降的变化趋势，进口依赖风险程度下降。

表 3-2　2000—2019 年中国的进口来源地结构（前 20 大进口来源地）

排名	2000 年			2019 年		
	进口来源地	进口规模（亿美元）	占中国总进口比值（%）	进口来源地	进口规模（亿美元）	占中国总进口比值（%）
1	日本	415	18.44	韩国	1 736	8.39
2	中国台湾	255	11.33	中国台湾	1 728	8.35
3	韩国	232	10.31	日本	1 715	8.29
4	美国	224	9.94	美国	1 232	5.96
5	德国	104	4.62	澳大利亚	1 196	5.78
6	中国香港	94	4.19	德国	1 050	5.08
7	俄罗斯	58	2.56	巴西	792	3.83
8	马来西亚	55	2.43	马来西亚	716	3.46
9	新加坡	51	2.25	越南	641	3.10
10	澳大利亚	50	2.23	俄罗斯	603	2.91
11	印度尼西亚	44	1.96	沙特阿拉伯	543	2.62
12	泰国	44	1.95	泰国	461	2.23
13	法国	40	1.76	新加坡	352	1.70
14	加拿大	38	1.67	印度尼西亚	340	1.64
15	英国	36	1.60	法国	326	1.57
16	阿曼	33	1.45	加拿大	280	1.35
17	意大利	31	1.37	瑞士	274	1.32

排名	2000 年			2019 年		
	进口来源地	进口规模 （亿美元）	占中国总进口 比值（%）	进口来源地	进口规模 （亿美元）	占中国总进口 比值（%）
18	瑞典	27	1.19	智利	263	1.27
19	芬兰	24	1.05	南非	259	1.25
20	沙特阿拉伯	20	0.87	英国	238	1.15

数据来源：UN Comtrade。

3.1.2.2　中国进口地区结构

2000—2019 年，中国的进口地区结构呈现较为集中的发展趋势，进口地区主要集中于广东、上海、江苏等地（见表 3-3）。2000 年，中国的前 3 大进口地区分别是广东、上海、江苏，进口规模分别为 821 亿美元、301 亿美元、228 亿美元，占中国进口总额的比值分别为 36.45%、13.36%、10.14%。可以看出，2000 年中国前 3 大进口地区的进口规模占中国总进口的比值已高达59.95%，呈现出较高的进口地区集中度。2019 年，中国的前 3 大进口地区依然是广东、上海、江苏，进口规模分别为 4 644 亿美元、3 036 亿美元、2 756 亿美元，占中国进口总额的比值分别为 22.34%、14.61%、13.26%。可以看出，2019 年中国前 3 大进口地区的进口规模较 2000 年有较大幅度的增长，且 2019 年中国前 3 大进口地区的进口规模占中国总进口的比值为50.21%，虽然这一比值较 2000 年有所下降，但仍表现出较高的进口地区集中度。此外，进口规模最低的 5 个地区分别为西藏、青海、宁夏、甘肃、贵州，这 5 个地区的进口规模占中国进口总额的比值不足 0.5%。

表 3-3　2000—2019 年中国的进口地区结构

排名	2000 年			2019 年		
	地区	进口规模 （亿美元）	占中国进口总 额比值（%）	地区	进口规模 （亿美元）	占中国进口总 额比值（%）
1	广东	821	36.45	广东	4 644	22.34
2	上海	301	13.36	上海	3 036	14.61

续表

排名	2000 年			2019 年		
	地区	进口规模（亿美元）	占中国进口总额比值（%）	地区	进口规模（亿美元）	占中国进口总额比值（%）
3	江苏	228	10.14	江苏	2 756	13.26
4	北京	166	7.36	山东	1 877	9.03
5	山东	122	5.40	浙江	1 121	5.40
6	浙江	110	4.90	天津	951	4.58
7	天津	95	4.21	北京	858	4.13
8	辽宁	95	4.21	辽宁	780	3.75
9	福建	93	4.15	福建	660	3.17
10	河北	22	0.98	四川	516	2.48
11	湖北	20	0.89	河北	467	2.25
12	安徽	16	0.70	广西	460	2.21
13	黑龙江	16	0.70	河南	287	1.38
14	河南	15	0.68	重庆	258	1.24
15	吉林	15	0.67	安徽	239	1.15
16	新疆	14	0.64	陕西	225	1.08
17	湖南	14	0.60	湖北	219	1.05
18	四川	13	0.60	新疆	201	0.97
19	内蒙古	13	0.57	黑龙江	193	0.93
20	陕西	11	0.47	云南	190	0.91
21	江西	9	0.38	湖南	158	0.76
22	云南	8	0.35	江西	152	0.73
23	重庆	8	0.35	吉林	140	0.67
24	山西	7	0.31	内蒙古	127	0.61
25	广西	6	0.29	海南	123	0.59
26	海南	5	0.22	山西	81	0.39
27	贵州	4	0.17	甘肃	32	0.15
28	甘肃	3	0.12	贵州	17	0.08

续表

排名	2000 年			2019 年		
	地区	进口规模（亿美元）	占中国进口总额比值（%）	地区	进口规模（亿美元）	占中国进口总额比值（%）
29	宁夏	2	0.08	宁夏	14	0.07
30	青海	1	0.04	青海	3	0.01
31	西藏	0.4	0.02	西藏	1	0.003

数据来源：历年《中国统计年鉴》。

3.1.2.3 中国进口行业结构

2000—2019 年，中国的进口行业结构①变化呈现明显的差异化特征（见表 3-4）。首先，从进口规模看，不同行业的进口规模均呈现上升趋势，但是行业间的增长幅度却呈现较大的差异性。其中，进口规模增幅最大的行业是仪器仪表制造业，进口增长幅度为 4 185 亿美元。进口规模增幅最小的行业是化学纤维制造业，进口增长幅度仅 3 亿美元。其次，从行业进口占中国进口总额的比值看，不同行业也呈现较大的差异。2019 年，进口份额最大的行业是仪器仪表制造业，占中国进口总额的比值高达 21.96%；进口份额最小的行业是烟草制品业，占中国进口总额的比值仅有 0.10%。

表 3-4 2000—2019 年中国的进口行业结构

行业代码	行业名称	进口规模（亿美元）			占中国进口总额比值（%）	
		2000 年	2019 年	增幅	2000 年	2019 年
13	农副食品加工业	34	454	420	1.50	2.18
14	食品制造业	8	201	193	0.35	0.97
15	酒、饮料和精制茶制造业	2	65	63	0.08	0.31
16	烟草制品业	3	20	17	0.11	0.10

① 采用的行业分类标准是 2 位码国民经济行业分类标准。另外，由于本书主要关注的是制造业行业，因此在进行行业结构分析时，表 3-4 仅报告了制造业中 2 位码国民经济行业的进口情况。

续表

行业代码	行业名称	进口规模（亿美元）			占中国进口总额比值（%）	
		2000 年	2019 年	增幅	2000 年	2019 年
17	纺织业	138	252	114	6.12	1.21
18	纺织服装、服饰业	6	57	51	0.26	0.27
19	皮革、毛皮、羽毛及其制品和制鞋业	23	103	81	1.01	0.50
20	木材加工和木、竹、藤、棕、草制品业	19	128	109	0.86	0.62
21	家具制造业	2	26	24	0.07	0.12
22	造纸和纸制品业	60	234	175	2.65	1.13
23	印刷和记录媒介复制业	10	24	14	0.44	0.12
24	文教、工美、体育和娱乐用品制造业	4	36	32	0.19	0.17
25	石油、煤炭及其他燃料加工业	195	2 621	2 426	8.67	12.61
26	化学原料和化学制品制造业	281	1 898	1 618	12.46	9.13
27	医药制造业	21	441	421	0.91	2.12
28	化学纤维制造业	23	26	3	1.01	0.13
29	橡胶和塑料制品业	8	68	61	0.333	0.329
30	非金属矿物制品业	29	184	155	1.30	0.89
31	黑色金属冶炼和压延加工业	21	131	109	0.95	0.63
32	有色金属冶炼和压延加工业	94	248	154	4.18	1.19
33	金属制品业	68	945	877	3.02	4.55
34	通用设备制造业	25	112	87	1.12	0.54
35	专用设备制造业	121	748	627	5.37	3.60
36	汽车制造业	107	487	380	4.76	2.34
37	铁路、船舶、航空航天和其他运输设备制造业	96	1 236	1 140	4.26	5.95
39	计算机、通信和其他电子设备制造业	201	844	643	8.93	4.06
40	仪器仪表制造业	379	4 564	4 185	16.86	21.96
41	其他制造业	75	999	924	3.33	4.81
42	废弃资源综合利用业	6	67	61	0.25	0.32
43	金属制品、机械和设备修理业	32	118	87	1.40	0.57

数据来源：由 UN Comtrade 数据计算而得。

3.1.2.4　中国进口产品最终用途结构

由表 3-5 可知，中国进口最多的产品是中间品，历年来占中国进口总额的比值均超过 70%。消费品和资本品进口占比相对较低，2000 年，消费品和资本品进口总额占中国进口总额的比值为 21.46%，到 2019 年，消费品和资本品进口总额占中国进口总额的比值仅为 19.76%。从历年不同最终用途进口产品的变化趋势可以看出，消费品进口占比总体呈上升趋势，占比从 2000 年的 3.89% 增长为 2019 年的 7.24%；中间品进口占比则相对稳定，变化幅度不大，呈轻微波动上升的变化趋势；资本品进口占比则呈现明显的下降趋势，2000 年资本品进口占比为 17.57%，到 2019 年已下降至 12.52%。

表 3-5　2000—2019 年中国的进口产品最终用途结构

年份	消费品		中间品		资本品	
	进口规模（亿美元）	占中国进口总额比值（%）	进口规模（亿美元）	占中国进口总额比值（%）	进口规模（亿美元）	占中国进口总额比值（%）
2000	88	3.89	1 714	76.16	395	17.57
2001	94	3.85	1 794	73.65	491	20.14
2002	107	3.64	2 169	73.48	621	21.04
2003	142	3.44	3 023	73.23	891	21.59
2004	180	3.22	4 139	73.76	1 184	21.10
2005	217	3.29	4 977	75.41	1 281	19.41
2006	261	3.30	5 961	75.31	1 517	19.17
2007	336	3.52	7 289	76.24	1 744	18.24
2008	388	3.43	8 674	76.59	1 917	16.93
2009	382	3.80	7 783	77.37	1 687	16.77
2010	499	3.57	10 791	77.29	2 263	16.21
2011	672	3.85	13 327	76.44	2 614	14.99
2012	791	4.35	13 800	75.89	2 574	14.16
2013	902	4.62	14 659	75.18	2 573	13.20

续表

年份	消费品		中间品		资本品	
	进口规模（亿美元）	占中国进口总额比值（%）	进口规模（亿美元）	占中国进口总额比值（%）	进口规模（亿美元）	占中国进口总额比值（%）
2014	984	5.02	14 894	76.02	2 646	13.50
2015	1 032	6.14	13 152	78.30	2 399	14.28
2016	1 059	6.67	12 353	77.79	2 225	14.01
2017	1 052	5.71	14 523	78.76	2 539	13.77
2018	1 262	5.91	16 628	77.86	2 909	13.62
2019	1 505	7.24	16 224	78.06	2 602	12.52

数据来源：由 UN Comtrade 数据计算而得。

3.1.2.5　中国进口商品结构

本章借鉴魏浩等（2016）的方法，测算了中国的进口商品结构，测算结果见表 3-6。由表 3-6 可知，2000—2019 年，中国的初级产品进口份额总体呈上升的变化趋势，2000 年中国的初级产品进口占进口总额的比值为 10.06%，到 2019 年已增长至 19.04%。工业制成品进口份额则呈下降的变化趋势，中国的工业制成品进口份额从 2000 年的 89.94%，到 2019 年下降为 80.96%。进一步来看，中国的技术类产品进口占比总体呈下降的变化趋势，2000 年中国技术类产品的进口占比为 74.04%，到 2019 年下降为 59.53%。其中，中高及以下技术制成品进口份额从 2000 年的 52.99% 降至 2019 年的 34.68%。但是，高技术以上产品的进口占比从 2000 年的 21.05% 到 2019 年增长至 24.85%。

表 3-6　2000—2019 年中国的进口商品结构（%）

产品分类	产品类型	2000 年	2005 年	2010 年	2015 年	2019 年
初级产品	非农业型初级产品	1.62	2.46	6.72	4.80	5.94
	农业型初级产品	8.44	6.08	8.86	10.42	13.10
	合计	10.06	8.54	15.58	15.22	19.04

续表

产品分类	产品类型	2000 年	2005 年	2010 年	2015 年	2019 年
工业制成品	金属类制成品	7.54	7.16	9.76	15.83	12.63
	农业资源型制成品	4.12	1.88	1.98	1.68	1.38
	其他资源类制成品	4.24	4.21	5.81	6.68	7.42
	低技术制成品	9.95	18.77	0.22	0.25	0.68
	中低技术制成品	7.12	8.70	8.38	7.17	5.54
	中等技术制成品	17.47	15.73	13.45	11.16	10.38
	中高技术制成品	18.45	16.45	19.26	17.99	18.08
	高技术制成品	14.90	13.39	18.04	15.38	16.14
	特高技术制成品	6.15	5.16	7.51	8.64	8.71
	合计	89.94	91.45	84.41	84.78	80.96

数据来源：由 UN Comtrade 数据计算而得。

3.1.3 中国进口竞争

表 3-7 是中国制造业行业进口竞争程度的变化趋势，其中，进口竞争指标是借鉴伯纳德等（Bernard et al., 2006）的方法，采用行业层面的进口渗透率指标衡量的①。从表 3-7 可以看出，对于大部分国民经济行业而言，其进口竞争程度总体上呈上升趋势，也就是说，中国面临的行业进口竞争程度在不断增加。其中，进口竞争程度比较高的制造业行业大多属于技术密集型行业，如仪器仪表制造业，计算机、通信和其他电子设备制造业等。相对而言，进口竞争程度较低的行业大多属于劳动密集型行业，如纺织服装、服饰业，食品制造业等。

表 3-7 2000—2013 年中国的行业进口竞争

行业代码	行业名称	2000 年	2005 年	2007 年	2010 年	2013 年
13	农副食品加工业	0.026 2	0.055 1	0.053 4	0.054 1	0.074 5
14	食品制造业	0.037 0	0.050 0	0.031 1	0.041 1	0.058 1

① 由于测算进口渗透率指标需要利用中国工业企业数据库中的企业工业总产值指标，受数据可获得性限制，进口竞争指标仅能计算 2000—2013 年的数据。

续表

行业代码	行业名称	2000 年	2005 年	2007 年	2010 年	2013 年
15	酒、饮料和精制茶制造业	0.019 0	0.027 5	0.015 9	0.013 5	0.008 6
16	烟草制品业	0.011 3	0.013 8	0.012 0	0.012 7	0.014 6
17	纺织业	0.065 5	0.091 9	0.143 2	0.191 9	0.323 8
18	纺织服装、服饰业	0.014 9	0.012 6	0.018 5	0.028 7	0.057 3
19	皮革、毛皮、羽毛及其制品和制鞋业	0.072 4	0.092 3	0.146 5	0.269 5	0.588 5
20	木材加工和木、竹、藤、棕、草制品业	0.050 0	0.087 7	0.069 6	0.143 7	0.251 5
21	家具制造业	0.039 2	0.116 2	0.094 1	0.131 5	0.140 6
22	造纸和纸制品业	0.075 6	0.111 7	0.113 1	0.145 7	0.248 3
23	印刷和记录媒介复制业	0.040 2	0.094 0	0.084 8	0.096 2	0.127 0
24	文教、工美、体育和娱乐用品制造业	0.058 3	0.130 6	0.286 1	0.695 3	0.844 9
25	石油、煤炭及其他燃料加工业	0.288 2	0.316 7	0.311 3	0.307 9	0.284 8
26	化学原料和化学制品制造业	0.125 6	0.222 6	0.254 3	0.305 5	0.319 2
27	医药制造业	0.063 4	0.095 4	0.078 2	0.078 9	0.095 8
28	化学纤维制造业	0.031 2	0.030 3	0.049 1	0.093 6	0.136 8
29	橡胶和塑料制品业	0.081 8	0.163 1	0.131 6	0.136 0	0.138 3
30	非金属矿物制品业	0.061 1	0.106 0	0.102 1	0.130 9	0.147 3
31	黑色金属冶炼和压延加工业	0.013 9	0.032 7	0.027 4	0.037 9	0.050 9
32	有色金属冶炼和压延加工业	0.020 1	0.032 9	0.056 7	0.096 1	0.148 3
33	金属制品业	0.093 2	0.135 2	0.137 8	0.178 4	0.239 1
34	通用设备制造业	0.028 9	0.061 1	0.081 7	0.107 5	0.120 1
35	专用设备制造业	0.098 9	0.176 1	0.194 4	0.260 0	0.281 7
36	汽车制造业	0.087 2	0.233 3	0.262 5	0.265 1	0.297 9
37	铁路、船舶、航空航天和其他运输设备制造业	0.086 2	0.153 4	0.134 8	0.143 6	0.139 7
39	计算机、通信和其他电子设备制造业	0.089 3	0.455 5	0.498 6	0.347 7	0.356 0
40	仪器仪表制造业	0.313 2	0.237 7	0.321 4	0.572 8	0.439 2
41	其他制造业	0.660 4	0.846 0	0.906 0	0.981 2	0.718 0
42	废弃资源综合利用业	0.068 7	0.099 4	0.087 5	0.111 9	0.745 0
43	金属制品、机械和设备修理业	0.379 3	0.726 8	0.684 8	0.772 2	1.018 0

数据来源：由 UN Comtrade 与中国工业企业数据库数据计算而得。

3.2 中国企业出口绩效的典型事实

3.2.1 中国企业出口规模

3.2.1.1 国家层面整体出口规模

自 2000 年以来，中国的出口规模总体呈现快速增长的变化趋势，但出口增速呈下滑趋势（见表 3-8）。2000 年，中国的货物贸易出口规模仅为 2 492 亿美元，到 2019 年增长至 24 995 亿美元，年均增长率为 12.90%。进一步从不同年份的数据看，2000—2011 年，中国出口的年均增长率高达 20.27%；2012—2019 年，中国出口的年均增长率仅为 2.88%，出口增长呈现明显的下滑趋势。从中国出口占世界出口份额的比重看，2000 年，中国出口占世界出口的份额仅为 3.84%，到 2019 年增长至 13.12%，增长趋势明显。

表 3-8 2000—2019 年中国整体出口规模

年份	中国出口规模（亿美元）	世界出口规模（亿美元）	占世界出口总额比值（%）
2000	2 492	64 963	3.84
2001	2 661	62 362	4.27
2002	3 256	65 430	4.98
2003	4 382	76 411	5.74
2004	5 933	92 839	6.39
2005	7 620	105 796	7.20
2006	9 690	122 103	7.94
2007	12 205	141 226	8.64
2008	14 307	162 746	8.79
2009	12 016	126 444	9.50
2010	15 778	154 060	10.24
2011	18 984	184 589	10.28

续表

年份	中国出口规模（亿美元）	世界出口规模（亿美元）	占世界出口总额比值（%）
2012	20 487	186 355	10.99
2013	22 090	190 875	11.57
2014	23 423	191 267	12.25
2015	22 735	166 593	13.65
2016	20 976	161 442	12.99
2017	22 633	178 510	12.68
2018	24 867	195 946	12.69
2019	24 995	190 513	13.12

数据来源：世界银行。

3.2.1.2 企业层面出口规模

由表3-9可以看出，中国企业的平均出口规模总体呈上升的变化趋势。为了进一步了解中国企业出口规模增长的来源，本章借鉴贝思德和普鲁萨（Besede and Prusa，2011）、乌里贝-埃切瓦利亚和西尔文特（Uribe-Echevarria and Silvente，2012）的做法，对企业的出口规模进行二元边际分解。从表3-9可以发现，在历年的数据中，出口集约边际占企业出口总额的比重均已超过83%，而扩展边际占企业出口总额的比重则不足17%，总体上说明，中国企业的出口扩张主要来源于集约边际，扩展边际的贡献则相对较低[①]。从历年集约边际和扩展边际占企业出口总额的比值趋势看，2000—2013年，集约边际对企业出口总额的贡献总体呈下降的变化趋势，而扩展边际对企业出口总额的贡献呈现上升的变化趋势。进一步从出口增长率视角看，2001—2013年，中国企业出口的扩展边际增长率的波动幅度小于集约边际增长率的波动幅度，尤其是在2009年之后，中国企业出口集约边际增长率的变动幅度相对较大（见表3-9和图3-2）。

---

① 在进行统计分析时，本章对企业出口额、出口集约边际、出口扩展边际均进行了取对数处理，样本所涉及的企业均为制造业企业。此外，取对数之前，企业出口额的单位为美元。

表 3-9 2000—2013 年中国企业出口规模

年份	出口额		集约边际			扩展边际		
	对数值（美元）	增长率	对数值（美元）	占比（%）	增长率	对数值（美元）	占比（%）	增长率
2000	13.42	—	11.57	86.21	—	1.86	13.86	—
2001	13.53	0.11	11.61	85.81	0.04	1.92	14.19	0.06
2002	13.58	0.05	11.55	85.05	-0.06	2.03	14.95	0.11
2003	13.65	0.07	11.56	84.69	0.01	2.09	15.31	0.06
2004	13.70	0.05	11.60	84.67	0.04	2.10	15.33	0.01
2005	13.78	0.08	11.61	84.25	0.01	2.17	15.75	0.07
2006	13.78	0.00	11.63	84.40	0.02	2.15	15.60	-0.02
2007	13.89	0.11	11.71	84.31	0.08	2.18	15.69	0.03
2008	13.95	0.06	11.79	84.52	0.08	2.16	15.48	-0.02
2009	13.79	-0.16	11.62	84.26	-0.17	2.17	15.74	0.01
2010	14.04	0.25	11.77	83.83	0.15	2.27	16.17	0.10
2011	14.43	0.39	12.09	83.78	0.32	2.33	16.15	0.06
2012	14.36	-0.07	12.05	83.91	-0.04	2.31	16.09	-0.02
2013	14.38	0.02	12.04	83.73	-0.01	2.34	16.27	0.03

数据来源：作者依据中国海关贸易数据库整理而得，其中增长率为相应变量对数值的两期数值之差。

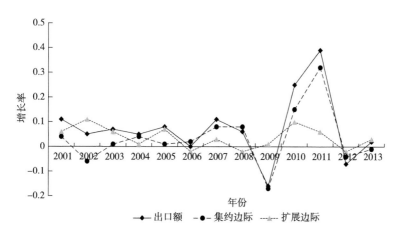

图 3-2 2001—2013 年中国企业出口增长率

数据来源：作者依据中国海关贸易数据库整理而得。

3.2.1.3 异质性企业出口规模

（1）企业所有制视角。由表 3-10 可知，外资企业的出口规模最大，其次出口规模从高到低依次为港澳台资企业、私营企业、国有企业。进一步从出口边际视角看，在不同所有制企业中，集约边际对企业出口的贡献均明显高于扩展边际，这进一步说明，中国企业出口扩张主要来自集约边际的增长。外资企业的出口集约边际最高，其次出口集约边际由高到低依次为港澳台企业、国有企业和私营企业。港澳台企业的出口扩展边际最高，其次出口扩展边际由高到低依次为外资企业、私营企业、国有企业。

表 3-10　2000—2013 年不同所有制企业的出口规模　　（美元）

			国有企业			
年份	出口规模	集约边际	扩展边际	年份	出口规模	集约边际	扩展边际
2000	12.75	11.04	1.72	2007	13.56	11.76	1.80
2001	12.84	11.14	1.71	2008	13.75	11.91	1.84
2002	12.92	11.12	1.80	2009	13.46	11.74	1.72
2003	12.96	11.17	1.79	2010	13.61	11.87	1.74
2004	13.16	11.39	1.77	2011	14.15	12.23	1.93
2005	13.34	11.53	1.81	2012	14.03	12.08	1.95
2006	13.48	11.65	1.83	2013	13.92	12.01	1.91
2000—2013	13.29	11.49	1.79	—	—	—	—

			私营企业			
年份	出口规模	集约边际	扩展边际	年份	出口规模	集约边际	扩展边际
2000	12.74	11.04	1.70	2007	13.37	11.31	2.06
2001	12.99	11.11	1.89	2008	13.45	11.41	2.04
2002	13.03	11.04	1.99	2009	13.30	11.25	2.05
2003	13.14	11.12	2.02	2010	13.60	11.43	2.17
2004	13.19	11.17	2.02	2011	13.96	11.77	2.19
2005	13.29	11.20	2.09	2012	13.93	11.75	2.19
2006	13.22	11.21	2.00	2013	14.00	11.78	2.22
2000—2013	13.59	11.47	2.11	—	—	—	—

续表

外资企业						
年份	出口规模	集约边际	扩展边际	年份	出口规模	集约边际	扩展边际

年份	出口规模	集约边际	扩展边际	年份	出口规模	集约边际	扩展边际
2000	13.75	11.88	1.87	2007	14.33	12.10	2.24
2001	13.91	11.96	1.95	2008	14.39	12.17	2.22
2002	13.97	11.92	2.05	2009	14.23	11.98	2.25
2003	14.06	11.92	2.13	2010	14.46	12.11	2.36
2004	14.07	11.94	2.13	2011	14.93	12.46	2.46
2005	14.18	11.97	2.21	2012	14.87	12.40	2.47
2006	14.26	12.03	2.23	2013	14.89	12.38	2.51
2000—2013	14.38	12.12	2.26	—	—	—	—

港澳台资企业						

年份	出口规模	集约边际	扩展边际	年份	出口规模	集约边际	扩展边际
2000	13.49	11.59	1.91	2007	14.20	11.86	2.34
2001	13.57	11.62	1.95	2008	14.26	11.93	2.33
2002	13.65	11.57	2.08	2009	14.17	11.82	2.34
2003	13.75	11.61	2.14	2010	14.32	11.94	2.38
2004	13.81	11.63	2.18	2011	14.93	12.36	2.57
2005	13.92	11.65	2.26	2012	14.87	12.33	2.54
2006	14.03	11.75	2.29	2013	14.93	12.34	2.58
2000—2013	14.20	11.89	2.31	—	—	—	—

数据来源：作者依据中国海关贸易数据库整理而得。

表中数据为取对数后的数值。

（2）企业出口经验视角。表3-11统计了2000—2013年不同出口经验企业的出口规模。其中，企业出口经验是依据样本期内当年企业累计从事出口行为的年数进行衡量的。由表3-11可知，总体上，企业出口经验越丰富，其平均出口额、出口集约边际、出口扩展边际的数值就越大，说明企业出口经验越丰富，越有利于企业在已有市场上扩大出口，以及通过开拓新的出口关系扩大出口。

表 3-11　2000—2013 年不同出口经验企业的出口规模　　　（美元）

出口经验	出口规模	集约边际	扩展边际
1 年	12.56	11.10	1.46
2 年	12.99	11.32	1.67
3 年	13.67	11.68	1.99
4 年	13.48	11.53	1.95
5 年	13.96	11.77	2.20
6 年	13.90	11.75	2.15
7 年	14.12	11.82	2.30
8 年	14.38	11.96	2.42
9 年	14.39	11.97	2.42
10 年	14.71	12.11	2.61
11 年	14.63	12.09	2.54
12 年	14.80	12.16	2.65
13 年	14.91	12.21	2.71
14 年	15.29	12.54	2.75

数据来源：作者依据中国海关贸易数据库整理而得。

表中数据为取对数后的数据。

（3）企业出口产品种类视角。表 3-12 统计了 2000—2013 年中国不同产品种类企业的出口规模，根据企业出口产品的种类，本章将出口企业划分为单一产品出口企业和多产品出口企业。其中，单一产品出口企业指企业仅出口一种产品，多产品出口企业指企业出口的产品种类大于等于 2。从表 3-12 可以看出，多产品出口企业数量远高于单一产品企业数量。从企业出口规模来看，多产品出口企业的出口规模总体上高于单一产品出口企业，进一步从企业出口边际视角看，多产品出口企业的出口边际均高于单一产品出口企业。

表 3-12　2000—2013 年单一产品出口企业与多产品出口企业的出口规模

（家，美元）

年份	单一产品企业				多产品企业			
	企业数量	出口规模	集约边际	扩展边际	企业数量	出口规模	集约边际	扩展边际
2000	3 648	11.97	11.33	0.64	10 373	13.93	11.65	2.28
2001	4 261	12.07	11.39	0.68	12 542	14.02	11.68	2.34

年份	单一产品企业				多产品企业			
	企业数量	出口规模	集约边际	扩展边际	企业数量	出口规模	集约边际	扩展边际
2002	4 466	12.22	11.43	0.79	14 487	14.00	11.58	2.41
2003	5 210	12.28	11.46	0.82	17 284	14.06	11.59	2.47
2004	8 203	12.41	11.57	0.83	27 044	14.09	11.60	2.49
2005	8 431	12.44	11.58	0.86	28 247	14.18	11.62	2.56
2006	10 410	12.41	11.58	0.83	33 021	14.21	11.65	2.56
2007	12 231	12.55	11.68	0.87	38 846	14.31	11.72	2.59
2008	15 194	12.65	11.78	0.88	45 033	14.38	11.80	2.58
2009	14 640	12.45	11.56	0.88	44 194	14.23	11.63	2.60
2010	10 838	12.64	11.72	0.92	34 206	14.48	11.79	2.69
2011	13 088	13.01	12.03	0.97	40 137	14.89	12.11	2.78
2012	14 214	12.92	11.97	0.95	43 627	14.83	12.07	2.76
2013	15 455	12.90	11.96	0.94	48 894	14.85	12.06	2.79

数据来源：作者依据中国海关贸易数据库整理而得。

表中出口规模和出口边际数据为取对数后的数据。

（4）企业出口目的地数量视角。表 3-13 统计了 2000—2013 年基于企业出口目的地数量视角的出口规模①。由表 3-13 可知，多出口目的地企业的数量远高于单一出口目的地企业的数量。从出口规模看，多出口目的地企业的出口均值总体上大于单一出口目的地企业，进一步从出口边际视角看，多出口目的地企业的出口边际均高于单一出口目的地企业。

表 3-13　2000—2013 年单一出口目的地企业与多出口目的地企业的出口规模

（家，美元）

年份	单一出口目的地企业				多出口目的地企业			
	企业数量	出口规模	集约边际	扩展边际	企业数量	出口规模	集约边际	扩展边际
2000	4 247	12.15	11.34	0.81	9 774	13.97	11.66	2.31
2001	4 709	12.24	11.43	0.81	12 094	14.03	11.67	2.35

---

①　依据企业出口的目的地数量，本章将出口企业划分为单一出口目的地企业和多出口目的地企业。其中，多出口目的地企业指企业的出口目的地数量大于等于 2。

年份	单一出口目的地企业				多出口目的地企业			
	企业数量	出口规模	集约边际	扩展边际	企业数量	出口规模	集约边际	扩展边际
2002	4 641	12. 34	11. 50	0. 84	14 312	13. 98	11. 56	2. 42
2003	5 153	12. 31	11. 50	0. 81	17 341	14. 04	11. 58	2. 47
2004	7 877	12. 40	11. 60	0. 80	27 370	14. 07	11. 59	2. 48
2005	7 559	12. 29	11. 55	0. 74	29 119	14. 17	11. 63	2. 54
2006	9 273	12. 21	11. 53	0. 68	34 158	14. 21	11. 66	2. 54
2007	10 492	12. 27	11. 61	0. 66	40 585	14. 31	11. 74	2. 57
2008	12 708	12. 32	11. 68	0. 64	47 519	14. 38	11. 82	2. 56
2009	12 263	12. 17	11. 51	0. 66	46 571	14. 21	11. 64	2. 57
2010	8 728	12. 26	11. 59	0. 67	36 316	14. 47	11. 82	2. 65
2011	9 234	12. 45	11. 88	0. 56	43 991	14. 84	12. 14	2. 71
2012	10 276	12. 35	11. 78	0. 57	47 565	14. 80	12. 10	2. 70
2013	11 351	12. 37	11. 79	0. 58	52 998	14. 81	12. 09	2. 72

数据来源：作者依据中国海关贸易数据库整理而得。

表中出口规模和出口边际数据为取对数后的数值。

（5）企业出口目的地经济发展水平视角。表 3-14 统计了 2000—2013 年中国企业向不同经济发展水平出口目的地的出口规模，按照出口目的地的经济发展水平①划分。从表 3-14 可以看出，中国向高收入国家出口的企业数量约占全部出口企业数量的 57%，中国向中低收入国家出口的企业数量约占全部出口企业数量的 43%。从出口规模看，中国向高收入国家的平均出口规模高于向中低收入国家的平均出口规模，进一步看，中国向高收入国家的出口边际均大于向中低收入国家的出口边际。

表 3-14　2000—2013 年中国企业出口规模的目的地结构　（家，美元）

年份	高收入国家				中低收入国家			
	企业数量	出口规模	集约边际	扩展边际	企业数量	出口规模	集约边际	扩展边际
2000	13 327	13. 29	11. 60	1. 70	7 024	11. 66	10. 47	1. 18
2001	15 873	13. 37	11. 63	1. 74	9 129	11. 79	10. 55	1. 24

---

① 本章将出口目的地划分为高收入国家和中低收入国家，以世界银行数据库中的分类标准为依据。

年份	高收入国家				中低收入国家			
	企业数量	出口规模	集约边际	扩展边际	企业数量	出口规模	集约边际	扩展边际
2002	17 906	13.38	11.56	1.82	11 102	11.80	10.48	1.31
2003	21 240	13.42	11.56	1.87	13 649	11.94	10.57	1.36
2004	33 172	13.45	11.58	1.87	21 945	12.05	10.66	1.40
2005	34 533	13.54	11.60	1.94	23 375	12.14	10.69	1.45
2006	40 443	13.54	11.63	1.91	28 156	12.23	10.74	1.49
2007	47 491	13.61	11.70	1.91	34 088	12.41	10.87	1.54
2008	55 098	13.62	11.75	1.87	41 266	12.60	11.02	1.58
2009	53 574	13.44	11.56	1.88	40 931	12.42	10.83	1.59
2010	41 107	13.67	11.72	1.95	32 480	12.72	11.03	1.69
2011	48 074	14.00	12.02	1.98	40 938	13.15	11.37	1.78
2012	51 921	13.93	11.97	1.96	44 755	13.14	11.36	1.77
2013	57 454	13.93	11.94	1.99	50 141	13.16	11.36	1.80

数据来源: 作者依据中国海关贸易数据库整理而得。

3.2.2 中国企业出口产品质量

3.2.2.1 企业平均出口产品质量[①]

表 3-15 和图 3-3 分别是 2000—2013 年中国企业平均出口产品质量的测算结果以及变化趋势图[②]。由图 3-3 可知，2000—2013 年，中国企业的平均出口产品质量先后经历了先下降后上升的变化趋势。具体来看，2000—2005年，中国企业的平均出口产品质量表现为持续下降的变化趋势，其原因可能是，加入 WTO 之后，一些原本不具备出口优势的低质量产品在关税降低之后突破了出口固定成本而得以出口。2006 年，中国企业的平均出口产品质量是0.273 6，2007 年下降为 0.256 2，2008 年增长为 0.269 9，2009 年又下降为

---

① 此部分关于中国企业出口产品质量的分析，仅涉及制造业企业，特此说明。
② 出口产品质量的具体测算方法详见第 5 章，受数据限制，出口产品质量的数据年限为 2000—2013 年。

0.251 3。2006—2009 年，呈波动下降态势。2010—2013 年，中国企业的平均出口产品质量总体呈现上升的变化趋势，2010 年，中国企业的平均出口产品质量较之以前年份达到了历史最高值，此后在 2011—2012 年呈现持续上升的变化趋势，2013 年略微有所下降。总的来看，中国企业的平均出口产品质量仍处于低位水平。

表 3-15　2000—2013 年中国企业的出口产品质量

年份	2000	2001	2002	2003	2004	2005	2006	2007	2008	2009	2010	2011	2012	2013
产品质量	0.307 2	0.303 8	0.309 9	0.286 9	0.260 8	0.246 3	0.273 6	0.256 2	0.269 9	0.251 3	0.329 1	0.335 3	0.348 1	0.342 8

数据来源：作者依据中国微观企业数据（工企与海关数据）计算而得，表 3-16 至表 3-18 同此。

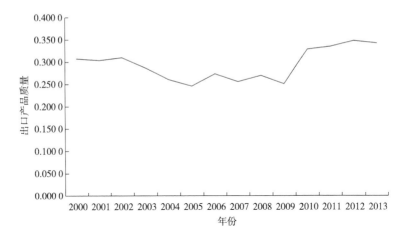

图 3-3　2000—2013 年中国企业出口产品质量的变化趋势图

数据来源：作者依据中国微观企业数据（工企与海关数据）计算而得。

3.2.2.2　异质性企业出口产品质量

（1）企业出口目的地视角。表 3-16 是 2000—2013 年中国企业对不同出口目的地的平均出口产品质量的测算结果。从表 3-16 可以看出，历年中国企业向中低收入国家出口的产品质量相对高于向高收入国家出口的产品质量。其原因可能在于，高收入国家在技术密集型产品领域比中国更具有比较优势，因此，中国生产的高质量产品在高收入国家不具备比较优势，相反中国企业生产的劳动密集型产品虽然总体质量水平偏低，但是可以满足高收入国家对低质量的劳动密集型产品的需求。尽管中国的劳动密集型产品在高收入国家更具优势，但其产品质量偏低，因此，总体上中国对高收入国家出口的平均产品质量偏低。而对于中低收入国家而言，由于中国技术相对更发达，中国生产的高质量产品在中低收入国家的比较优势更为明显，因此，中国对中低收入国家出口的平均产品质量相对较高。进一步，本章选取了一些有代表性的高收入国家和中低收入国家，分别测算了中国向其出口的平均产品质量。由表3-16可知，总体上，中国向美国、日本、德国、韩国出口的平均出口产品质量低于向印度、泰国、菲律宾出口的平均出口产品质量。

表3-16　2000—2013年中国企业出口产品质量的目的地结构

年份	高收入国家	中低收入国家	美国	日本	德国	韩国	印度	泰国	菲律宾
2000	0.305 0	0.323 1	0.273 6	0.319 6	0.346 7	0.249 2	0.508 0	0.228 2	0.551 8
2001	0.294 4	0.376 6	0.248 6	0.307 9	0.258 1	0.268 1	0.484 2	0.336 8	0.453 1
2002	0.300 1	0.375 6	0.263 4	0.322 3	0.272 9	0.322 8	0.532 6	0.345 4	0.403 4
2003	0.280 5	0.320 4	0.241 9	0.324 1	0.251 0	0.294 0	0.277 4	0.227 7	0.356 8
2004	0.252 6	0.299 4	0.227 5	0.306 6	0.276 0	0.311 2	0.269 7	0.239 0	0.345 6
2005	0.235 5	0.308 0	0.217 8	0.276 2	0.273 1	0.270 6	0.381 7	0.228 5	0.343 3
2006	0.259 9	0.340 0	0.219 9	0.293 4	0.234 5	0.283 7	0.317 0	0.241 7	0.363 4
2007	0.240 5	0.332 1	0.214 7	0.309 2	0.274 8	0.261 4	0.303 9	0.247 4	0.370 9
2008	0.255 3	0.334 6	0.234 1	0.304 0	0.271 5	0.269 1	0.363 8	0.242 4	0.365 6
2009	0.236 4	0.318 4	0.211 3	0.293 6	0.270 0	0.249 1	0.335 0	0.231 5	0.360 3
2010	0.309 6	0.394 8	0.286 4	0.336 1	0.333 2	0.256 6	0.392 8	0.424 7	0.480 9
2011	0.313 8	0.409 0	0.293 8	0.354 2	0.333 8	0.271 5	0.399 5	0.425 7	0.464 9
2012	0.327 8	0.412 1	0.302 9	0.350 8	0.337 3	0.274 6	0.400 6	0.419 0	0.471 8
2013	0.321 9	0.408 0	0.298 4	0.341 0	0.335 8	0.265 3	0.400 5	0.421 6	0.455 0

（2）企业所有制视角。由表3-17可知，2000—2013年，相对而言，内资企业（国有企业和私营企业）的平均出口产品质量高于外资企业（含港澳

台资企业）。其原因可能是，外资企业更多利用的是中国的廉价劳动力从事价值链低端的生产与组装工作，或主要从事加工贸易活动，因此其出口产品质量偏低。且不同所有制企业的产品质量均呈先降后升的变化态势。

表 3-17　2000—2013 年中国不同所有制企业的出口产品质量

年份	国有企业	私营企业	外资企业	港澳台资企业
2000	0.464 6	0.399 0	0.296 6	0.288 9
2001	0.472 4	0.406 0	0.286 9	0.277 3
2002	0.483 4	0.366 4	0.290 2	0.278 0
2003	0.415 8	0.363 3	0.287 2	0.242 7
2004	0.359 2	0.346 2	0.222 1	0.286 2
2005	0.367 6	0.338 3	0.210 6	0.254 2
2006	0.360 6	0.370 6	0.257 0	0.240 9
2007	0.307 3	0.358 6	0.222 0	0.249 7
2008	0.341 2	0.355 3	0.242 3	0.254 2
2009	0.318 6	0.348 8	0.228 7	0.235 4
2010	0.476 9	0.421 8	0.299 7	0.342 9
2011	0.436 3	0.429 6	0.314 8	0.307 0
2012	0.448 2	0.429 0	0.333 6	0.310 9
2013	0.469 1	0.424 5	0.324 7	0.307 9

（3）企业出口产品种类视角。表 3-18 是 2000—2013 年中国不同出口产品种类企业的平均出口产品质量的测算结果。根据企业出口产品的种类，本章将出口企业划分为单一产品出口企业和多产品出口企业，其中多产品出口企业即企业出口的产品种类大于等于 2。从表 3-18 可以看出，2000—2013 年，单一产品出口企业的出口产品质量基本上高于多产品出口企业的出口产品质量。

表 3-18　2000—2013 年中国单一产品与多产品企业的出口产品质量

年份	单一产品出口企业	多产品出口企业
2000	0.312 2	0.302 7
2001	0.349 8	0.269 5

年份	单一产品出口企业	多产品出口企业
2002	0.320 9	0.301 0
2003	0.313 1	0.273 4
2004	0.305 6	0.236 1
2005	0.307 6	0.221 3
2006	0.311 9	0.255 2
2007	0.332 4	0.224 0
2008	0.339 0	0.236 5
2009	0.307 9	0.221 6
2010	0.470 4	0.307 8
2011	0.406 3	0.319 6
2012	0.455 8	0.329 8
2013	0.484 1	0.322 2

3.2.3　中国企业出口国内附加值率[①]

3.2.3.1　企业平均出口国内附加值率

由表 3-19 和图 3-4 可知，2000—2013 年[②]，中国企业的平均出口国内附加值率[③]总体呈上升的变化趋势。具体来看，2000—2002 年，中国企业的平均出口国内附加值率从 0.640 7 上升至 0.693 8。2003 年呈下降趋势，出口国内附加值率降至 0.656 7。此后，2004—2013 年基本呈现相对平稳的上升趋势，2012 年时中国企业的平均出口国内附加值率达到了历史最高点，为 0.780 2，2013 年略微有所下降，为 0.777 2。

---

①　此部分关于企业出口国内附加值率的分析，仅涉及中国制造业企业，特此说明。

②　由于 2009—2010 年的中国工业企业数据质量较差，无法测算企业出口国内附加值率，因此测算数据未包含 2009—2010 年的数据。

③　企业出口国内附加值率的具体测算方法详见第 6 章。其中，平均出口国内附加值率是以企业出口占所有企业总出口的比值为权重加权计算而得的。

表 3-19   2000—2013 年中国企业出口国内附加值率

年份	整体	一般贸易	加工贸易	混合贸易
2000	0.640 7	0.942 1	0.498 7	0.657 0
2001	0.665 9	0.930 0	0.517 7	0.665 2
2002	0.693 8	0.939 3	0.515 2	0.686 5
2003	0.656 7	0.949 9	0.516 5	0.673 7
2004	0.678 3	0.933 4	0.491 4	0.648 6
2005	0.701 7	0.934 3	0.564 1	0.670 2
2006	0.699 9	0.939 4	0.581 9	0.649 3
2007	0.729 8	0.936 9	0.592 2	0.682 4
2008	0.742 6	0.930 3	0.632 1	0.698 1
2011	0.772 0	0.932 7	0.689 3	0.716 6
2012	0.780 2	0.934 4	0.702 1	0.727 7
2013	0.777 2	0.933 4	0.724 8	0.706 0

数据来源：由中国微观企业数据（工企和海关数据）计算而得，表 3-20 至表 3-21 同此。

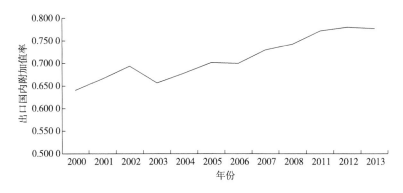

图 3-4   2000—2013 年中国企业出口国内附加值率的变化趋势图

数据来源：由中国微观企业数据（工企和海关数据）计算而得。

3.2.3.2   异质性企业出口国内附加值率

（1）贸易方式视角。由表 3-19 可知，2000—2013 年，基本上出口国内附加值率最高的是一般贸易企业，且一般贸易企业的出口国内附加值率相对稳定，基本维持在 0.930 0 以上。混合贸易企业次之，其出口国内附加值率从

2000 年的 0.657 0 增长至 2013 年的 0.706 0。加工贸易企业的出口国内附加值率相对最低，其出口国内附加值率从 2000 年的 0.498 7 增长至 2013 年的 0.724 8。总的来看，相比于一般贸易企业，混合贸易企业和加工贸易企业由于使用的进口中间品更多，因此其出口国内附加值率较低。

（2）企业所有制视角。由表 3-20 可知，2000—2013 年，私营企业的出口国内附加值率最高，之后依次为国有企业、港澳台资企业和外资企业。其中，历年私营企业和国有企业的出口国内附加值率较为稳定，私营企业的出口国内附加值率均值为 0.922 7，国有企业的出口国内附加值率均值为 0.878 4。外资企业和港澳台资企业的出口国内附加值率呈上升的变化趋势，外资企业的出口国内附加值率从 2000 年的 0.586 3 增长至 2013 年的 0.692 5，港澳台资企业的出口国内附加值率从 2000 年的 0.620 5 增长至 2013 年的 0.775 2。总的来看，内资企业的出口国内附加值率高于外资企业（含港澳台资企业）。

表 3-20　2000—2013 年中国不同所有制企业的出口国内附加值率

年份	国有企业	私营企业	外资企业	港澳台资企业
2000	0.884 4	0.910 4	0.586 3	0.620 5
2001	0.890 8	0.918 8	0.605 9	0.654 6
2002	0.880 2	0.929 1	0.642 5	0.661 9
2003	0.831 9	0.904 1	0.616 3	0.637 6
2004	0.875 9	0.932 1	0.579 7	0.693 9
2005	0.901 7	0.926 2	0.618 7	0.716 3
2006	0.878 8	0.927 9	0.612 1	0.710 9
2007	0.880 4	0.933 1	0.648 0	0.738 6
2008	0.872 8	0.931 0	0.670 1	0.736 0
2011	0.886 8	0.927 5	0.702 1	0.746 1
2012	0.880 4	0.923 7	0.712 9	0.750 6
2013	0.876 9	0.908 5	0.692 5	0.775 2

（3）企业是否进口中间品视角。由表 3-21 可知，2000—2013 年，进口中间品的企业出口国内附加值率普遍低于未进口中间品企业出口国内附加值

率。其中，进口中间品企业的国内附加值率总体呈上升的变化趋势，其出口国内附加值率从 2000 的 0.620 4 增长至 2013 年的 0.742 7。未进口中间品企业的国内附加值率略微呈下降的变化趋势，其出口国内附加值率从 2000 年的 0.960 8 下降至 2013 年的 0.956 7。

表 3-21 2000—2013 年中国不同进口企业的出口国内附加值率

年份	进口中间品企业	未进口中间品企业
2000	0.620 4	0.960 8
2001	0.634 6	0.960 4
2002	0.665 2	0.960 4
2003	0.636 7	0.961 1
2004	0.639 1	0.960 8
2005	0.667 3	0.960 8
2006	0.663 0	0.961 1
2007	0.693 2	0.961 0
2008	0.705 7	0.956 5
2011	0.739 9	0.956 3
2012	0.747 4	0.956 8
2013	0.742 7	0.956 7

3.3 本章小结

本章系统地描述了中国进口与中国企业出口绩效的典型事实，为深入了解进口竞争对企业出口绩效的影响提供了现实基础。主要的研究发现是：

（1）2000—2019 年，中国的进口规模总体呈上升的变化趋势，且进口来源地结构呈现多样化发展趋势，进口来源地从 2000 年的 187 个增加至 2019 年的 220 个。中国的进口地区结构较为集中，主要集中于广东、上海、江苏等地区，2000 年中国的前三大进口地区的进口规模占中国总进口的比值高达 59.95%，2019 年这一比值仍高达 50.21%。中国进口的产品主要是中间品，其次是资本品，消费品进口最少；2019 年，中间品进口占比为 78.06%，资本品进口占比为 12.52%，消费品进口占比为 7.24%。中国的初级产品、高技术制成品、特高技术制成品的进口份额呈增长趋势，中高及以下技术制成品进口份额呈下降的变化趋势。2000—2013 年，对于大部分行业而言，其面临的进口竞争水平呈上升的变化趋势。

（2）2000—2013 年，中国企业的平均出口规模呈现增长的变化趋势，且出口扩张主要来自出口集约边际增长，出口扩展边际增长的贡献相对较低。外资企业（含港澳台资企业）的出口规模高于内资企业。中国企业向高收入国家的出口规模高于向中低收入国家的出口规模。出口经验丰富的企业、多产品出口企业、多出口目的地企业的出口规模相对更高。

（3）2000—2013 年，中国企业的平均出口产品质量呈先下降后上升的变化趋势。向中低收入国家出口的企业、内资企业、单一产品企业的平均出口产品质量相对更高。

（4）2000—2013 年，中国企业的平均出口国内附加值率总体呈上升的变化趋势，出口国内附加值率介于 0.640 7 ~ 0.780 2 之间。一般贸易企业的出口国内附加值率最高，其次是混合贸易企业，加工贸易企业的出口国内附加值率最低。内资企业的出口国内附加值率高于外资企业（含港澳台资企业）。进口中间品企业的出口国内附加值率低于未进口中间品企业的出口国内附加值率。

4 进口竞争对中国企业出口规模的影响

4.1 引言

"稳外贸"是中国政府提出"六稳"政策的重要内容之一，其中"稳出口"便是"稳外贸"的一项重要工作。2018 年，中国政府首次提出"六稳"政策。此后，中国政府针对"稳外贸"提出了多项指导意见。2021 年的政府工作报告指出要推动进出口稳定发展。"稳外贸"尤其是"稳出口"对于稳定经济增长与稳定国内就业具有重要的现实意义。出口作为拉动国民经济增长的重要源泉，推动出口持续稳定增长是"稳外贸"政策顺利实施的关键所在（连慧君和魏浩，2023）。

尽管加入 WTO 以来，中国的货物贸易出口规模总体呈快速增长的发展态势，2000—2019 年中国的出口年均增长率为 12.90%，远高于同时期世界出口的年均增长率 5.83%，并且在 2009 年中国就已成为世界第一大出口国。但是，从不同年份阶段的数据看，2012 年以后，中国的出口增速呈现大幅下跌的趋势。2000—2011 年，中国出口的年均增长率高达 20.27%，但在 2012—2019 年，中国出口的年均增长率骤减为 2.88%。2015—2016 年，出口规模甚至连续两年出现了负增长①。出口增速下降，一方面与世界经济衰退、国际需求疲软、贸易保护主义抬头有关；另一方面也与中国经济面临结构性调整有关。总体而言，中国的出口企业正面临着前所未有的巨变与挑战。如何促进企业出口规模持续稳定增长是当前政策制定者与学界亟须研究的重要现实问题。在此背景下，弄清楚何种因素会促进或阻碍中国企业出口对于国家政府

---

① 数据来源：世界银行数据库。

制定、调整、实施"稳外贸"政策具有重要的现实意义。

已有文献针对影响出口因素的分析已经展开了较为丰富的研究，并且较多研究结合出口边际进行探讨。出口边际分析不仅可以分解国家、行业、企业的出口结构，而且还可以识别出口增长的来源。从现有文献来看，部分学者已经从贸易成本（钱学锋，2008；Arkolakis et al.，2021）、贸易自由化（Bernard et al.，2011）、金融发展（赵勇和雷达，2013）、对外直接投资（蒋冠宏和蒋殿春，2014）、贸易壁垒（王孝松等，2014）、知识产权保护（余长林，2015）、劳动力成本（陈雯和孙照吉，2016）、人民币汇率（佟家栋等，2016）、互联网（李兵和李柔，2017）、产业政策（张鹏杨等，2019）等视角考察了各自对中国出口的影响，从贸易视角考察进口竞争对中国企业出口规模影响的文献还相对较少。

进口竞争是指由进口关税减让以及非关税贸易壁垒消除而引致大量国外产品进入本国市场，进而加剧本国产品市场竞争程度的一种经济现象，反映了产品的对外开放程度。近年来，中国政府为推进更高水平的对外开放，实施了积极扩大进口的重大战略举措。扩大进口，一方面有利于服务国内高质量经济发展，另一方面也会产生一定的竞争冲击效应。由进口扩张而产生的进口竞争效应已成为当前学界研究的一个热点问题，并且进口竞争增加有可能对国内企业产生负面竞争冲击影响（Greenland and Lopresti，2016；Autor et al.，2020）。事实上，中国的进口贸易在过去20年间经历了快速的发展。2019年，中国进口占世界进口总额的份额已高达10.74%，是世界第二大进口国。基于此，本章重点从企业出口规模视角考察积极扩大进口的冲击效应，研究进口竞争是否会影响中国企业的出口规模，若有影响，是正面影响还是负面影响，以及其中潜在的机制是什么？回答这些问题，有利于进一步明确外部竞争冲击与中国企业出口的关系，这对于国家制定、调整和实施积极扩大进口、"稳外贸""稳出口"等政策措施具有重要的现实意义。

本章的主要研究发现：①进口竞争总体上有利于促进企业出口增长，且主要通过扩展边际增加发挥作用。其中，最终品进口竞争有利于通过集约边际增加促进企业出口增长，而投入品进口竞争有利于通过扩展边际增加促进企业出口增长。②国内市场挤出效应和企业生产率提升效应是进口竞争促进企业出口规模增长的重要传导机制。③进口竞争更有利于促进私营企业、出口经验丰富的企业、技术密集型企业的出口增长。④进一步研究发现，进口竞争主要通过促进企业出口产品种类增加，进而促进企业出口增长。⑤进口竞争有利于抑制企业出口波动，且主要通过抑制企业出口集约边际波动发挥作用。

本章可能的贡献是：首先，本章从企业出口规模视角，丰富了中国进口冲击风险方面的相关研究，为进口冲击风险方面的研究提供了"中国故事"，本章的研究有助于加深对进口与出口关系的理解。其次，本章系统梳理了进口竞争影响企业出口规模的机制，通过从进口产品的市场竞争效应、市场挤出效应、企业生产率效应三个视角切入分析，丰富和完善了现有相关学术的理论体系。最后，本章不仅考察了进口竞争对企业出口规模的影响，还考察了进口竞争对企业出口规模波动的影响，一方面有利于为国家防范进口冲击风险提供有益的政策启示；另一方面，也有利于为国家在实施"稳外贸""稳出口"政策时提供有益的启示。

4.2　理论分析

4.2.1　进口产品的市场竞争效应

直观来看，进口扩张会加剧国内市场同行业企业面临的竞争程度，但出口企业面向国际市场，国内市场竞争加剧如何影响企业出口？事实上，对于大部分出口企业而言，其首先是内销企业，其次才是出口企业，梅利茨（Melitz，2003）的研究表明，只有生产率达到一定阈值的企业，才能克服出口固定成本，实现出口。因此，对于这些企业而言，进口竞争加剧首先会影响其在国内市场的销售份额，当企业内销额受进口竞争影响时，企业可能会调整其资源配置，对出口产生影响。对于部分不内销、纯出口的企业而言，由于其生产使用的中间投入品部分来自国内市场，因此，进口竞争增加也会对其出口产生影响。

具体来看，尽管理论上所有产品进口扩张都会加剧国内市场竞争，但不同最终用途产品进口扩张产生的竞争效应对企业出口的影响渠道存在一定差异。狭义上的进口竞争主要指由最终品进口扩张而产生的市场竞争效应。但广义上的进口竞争应包含投入品进口扩张产生的市场竞争效应。投入品进口扩张，会和国内生产同类型中间投入品的企业产生直接的竞争关系，投入品进口竞争可能会影响企业使用中间投入品的价格、质量与种类，使用中间投入品进行生产的企业，可能会因此提升其生产率（Hombert and Matray，2018），扩大生产能力，突破出口固定成本的限制，进而促进企业出口增加。最终品进口扩张，会在国内市场上直接进行销售，加剧国内市场竞争程度，企业的内销额可能会因最终品进口竞争而降低。当企业在国内市场的销售额减少时，企业可能会调整发展路线，开拓国际市场，通过扩大出口来应对进口竞争。基于上述分析，本章提出：

假说 1 进口竞争有利于促进企业出口增长，但不同最终用途产品的进口竞争对企业出口的影响存在异质性。

4.2.2 市场挤出效应

进口产品扩张在一定程度上会加剧国内市场的竞争程度，假定在总需求不变的情况下，国外产品进入国内市场，尤其是当进口产品在国内市场更具比较优势时，进口竞争会增加企业退出市场或降低内销额的风险。对于一些既内销又出口的企业而言，当其在国内市场的竞争优势受到削弱时，企业可能会调整发展路线，开拓国际市场，通过扩大出口实现营业利润的稳定增长，即存在国内市场挤出效应。需要说明的是，由于最终品进口扩张，会在国内市场直接进行销售，因此，最终品进口竞争产生的市场挤出效应更为直接。相对而言，投入品进口竞争产生的市场挤出效应较为间接，影响程度可能较小。使用进口中间投入品进行生产的企业所生产的产品最终也会在国内市场进行销售，与未使用进口投入品进行生产的企业所生产的产品会产生竞争关系，因此投入品进口竞争增加也可能会间接产生市场挤出效应，但相对而言这种效应低于最终品进口竞争效应。基于上述分析，本章提出：

假说 2 进口竞争会通过市场挤出效应促进企业出口增长，且市场挤出效应主要是由最终品进口竞争加剧导致的。

4.2.3 企业生产率效应

进口竞争可能通过促进企业生产率提升进而促进企业出口增长。当进口竞争增加时，国内市场上会出现大量国外蕴含先进技术的产品，企业可通过技术溢出效应或使用高质量、高技术含量的中间投入品提升生产率（Colantone and Crinò, 2014; Blaum et al., 2015; Hombert and Matray, 2018）。企业生产率提升有利于降低企业的边际生产成本，从而更有利于企业开拓国际市场；另外，企业生产率提升也有利于增强企业的生产能力，进口竞争会激励企业开拓国际市场，扩大出口。此外，由于最终品进口更多是直接面向国内消费者，而投入品进口更多是面向国内企业，因此，企业生产率提升效应可能主要是投入品进口竞争加剧导致的。基于上述分析，本章提出：

假说 3 进口竞争有利于通过提升企业生产率进而促进企业出口增长，且生产率提升效应主要是由于投入品进口竞争加剧导致的。

4.3 模型设定与数据说明

4.3.1 模型设定

为了研究进口竞争对中国企业出口规模的影响，本章借鉴米内蒂和朱（Minetti and Zhu, 2015）的做法，构建了如下计量模型：

$$\ln export_{it} = \beta_0 + \beta_1 imp_{jt} + \gamma X_{it} + \delta_i + \delta_t + \varepsilon_{it} \qquad (4-1)$$

其中，下标 i 表示企业，t 表示时间，j 表示 4 位码国民经济行业；$\ln export_{it}$ 表示企业出口变量，具体包括企业出口规模、出口集约边际、出口扩展边际；imp_{jt} 表示行业层面的进口竞争；X_{it} 表示企业层面的控制变量；δ_i 表示企业效应；δ_t 表示时间效应；ε_{it} 是误差项。各变量的具体说明如下。

4.3.1.1 因变量

本章的因变量是企业层面的出口规模以及出口边际。其中，企业出口边际的测算方法，借鉴贝思德和普鲁萨（Besede and Prusa，2011）、乌里贝-埃切瓦利亚和西尔文特（Uribe-Echevarria and Silvente，2012）、陈雯和孙照吉（2016）的做法，以企业层面的"产品-目的地"作为观测单元对企业出口规模进行边际分解。其中，扩展边际定义为企业出口关系中"产品-目的地"的数量，集约边际定义为企业出口关系中单位"产品-目的地"的平均出口额。企业出口规模边际分解的公式如下：

$$export_{it} = exportnum_{it} \times \frac{export_{it}}{exportnum_{it}} \qquad (4-2)$$

对式（4-2）两端取对数可得如下公式：

$$\ln export_{it} = \ln exportnum_{it} + \ln\left(\frac{export_{it}}{exportnum_{it}}\right) \qquad (4-3)$$

其中，$export_{it}$ 表示企业的出口规模；$exportnum_{it}$ 表示企业出口关系中"产品-目的地"的数量；$\ln exportnum_{it}$ 表示企业出口扩展边际；$\ln\left(\frac{export_{it}}{exportnum_{it}}\right)$ 表示企业出口集约边际。

4.3.1.2 核心解释变量

本章的核心解释变量是进口竞争，借鉴伯纳德（Bernard et al.，2006）、米昂和朱（Mion and Zhu，2013）、卡马尔和洛维（Kamal and Lovely，2017）等人的做法，采用行业层面的进口渗透率衡量进口竞争，具体的测算公式如下：

$$imp_{jt} = \frac{IM_{jt}}{Q_{jt} + IM_{jt} - EX_{jt}} \qquad (4-4)$$

其中，j 表示4位码国民经济行业，IM_{jt} 表示行业进口额，EX_{jt} 表示行业出口额，Q_{jt} 表示行业生产总值。

不同于部分学者采用贸易自由化指标衡量进口竞争，采用进口渗透率指标衡量进口竞争的优势在于可以通过实际的贸易额更直观地反映国内企业面临的进口竞争程度。相比于进口关税，利用贸易额测算的进口渗透率不仅涵盖了关税变动引起的进口竞争变动，还涵盖了非关税贸易壁垒变动引起的进口竞争变动。此外，受美、日、欧等发达国家对华高技术产品出口管制的影响，低进口关税未必代表国内实际面临的进口竞争程度一定较高。

4.3.1.3 控制变量

本章选取的控制变量包括：①企业年龄（$\ln age_{it}$）；②劳动生产率（$\ln yl_{it}$）；③人均资本（$\ln kl_{it}$）；④企业规模（$\ln scale_{it}$），采用企业职工人数衡量；⑤企业所有制虚拟变量，包括国有企业（$state_{it}$）、私营企业（$private_{it}$）、外资企业（$foreign_{it}$）、港澳台资企业（HMT_{it}）的虚拟变量。

4.3.2 数据说明

本章使用的数据主要来源于中国工业企业数据库、中国海关贸易数据库、UN Comtrade 数据库，样本研究期限为 2000—2013 年。具体说明如下：

（1）企业层面的出口规模及二元边际的测算数据来源于中国海关贸易数据库。

（2）进口竞争指标测算的相关数据来源于中国工业企业数据库和 UN Comtrade 数据库。其中，测算行业进出口额的数据来源于 UN Comtrade 数据库，在计算行业进出口额时，本章首先将历年 UN Comtrade 数据库中关于中国进出口的 HS6 产品编码统一转换为 HS2002 版；其次，利用勃兰特等（Brandt et al.，2017）给出的对应表将 2002 年的 HS6 产品编码与国民经济行业 4 位码进行对应，通过加总得到行业进出口额。行业生产总值数据来源于中国工业企业数据库，在计算行业生产总值时，本章首先依照 2002 年版的《国民经济行业分类标准》对历年中国工业企业数据库中的行业代码进行了重新调整，统一了 4 位码行业的类别口径，然后将企业工业总产值加总到行业层面。

（3）企业层面的控制变量数据来源于中国工业企业数据库。借鉴芬斯特拉等（Feenstra et al.，2014）的方法，本章对中国工业企业数据进行了清洗。剔除了企业名称缺失、从业人数小于 8 人、成立时间无效、固定资产合计大于资产总计、本年折旧大于累计折旧以及关键变量存在缺失的企业样本。另外，需要说明的是，本章仅保留了国民经济行业（CIC）2 位码为 13~43 之间的制造业企业样本。在合并工企和海关数据时，本章利用企业名称和年份两个变量将两套数据进行了匹配，最终获得 544 945 个样本观测值。

4.4 实证结果及分析

4.4.1 基准估计

表 4-1 是进口竞争对中国企业出口规模影响的基准估计结果，使用的计量估计方法是最小二乘虚拟变量法（LSDV 方法）。其中，（1）至（3）列在计量模型中仅控制了进口竞争变量，以及企业效应和时间效应。从第（1）列的估计结果看，进口竞争显著促进了企业出口增长。进一步从（2）（3）列看，进口竞争显著促进了企业出口扩展边际增长，但对出口集约边际无显著影响。也就是说，进口竞争显著促进了中国企业出口关系中的"产品－目的地"数量增长，但是对企业"产品－目的地"层面的平均出口额无显著影响。以上分析初步表明，进口竞争主要通过促进企业出口扩展边际增加进而促进了企业出口增长。第（4）至（6）列是针对本章设定的完整计量模型进行估计的结果，从结果看，进口竞争显著促进了企业出口增长，且进口竞争主要通过企业出口扩展边际的增长促进了出口规模增长。其原因可能是，一方面，进口竞争对企业内销产生了市场挤出效应，企业为了应对进口竞争，积极开拓国际市场，增加了企业出口关系中的"产品－目的地"数量，从而有利于促进企业出口增长；另一方面，进口竞争有利于提升企业生产率，生产率提升有利于企业降低边际生产成本，从而有利于增加企业出口关系中的"产品－目的地"数量，促进企业出口增长。

表 4-1 进口竞争对企业出口规模影响的基准估计结果

变量	（1） 出口规模	（2） 集约边际	（3） 扩展边际	（4） 出口规模	（5） 集约边际	（6） 扩展边际
imp	0.003 9**	0.002 3	0.001 7**	0.003 7*	0.002 1	0.001 6**
	(2.05)	(1.61)	(2.36)	(1.79)	(1.37)	(2.27)
ln age				0.124 1***	0.021 6***	0.102 5***
				(11.73)	(3.04)	(15.02)

续表

变量	（1）出口规模	（2）集约边际	（3）扩展边际	（4）出口规模	（5）集约边际	（6）扩展边际
ln yl	—	—	—	0.397 6*** (36.01)	0.255 1*** (34.98)	0.142 5*** (24.09)
ln kl	—	—	—	0.101 5*** (13.21)	0.044 7*** (9.51)	0.056 7*** (13.96)
ln $scale$	—	—	—	0.589 1*** (39.92)	0.324 9*** (30.70)	0.264 2*** (31.08)
$State$	—	—	—	−0.061 1 (−0.92)	−0.068 0 (−1.33)	0.006 9 (0.18)
$private$	—	—	—	0.0221 (1.58)	0.028 9*** (2.85)	−0.006 8 (−0.79)
$foreign$	—	—	—	0.140 4*** (5.91)	0.079 2*** (4.31)	0.061 2*** (4.30)
HMT	—	—	—	0.122 9*** (4.74)	0.065 4*** (3.47)	0.057 5*** (3.92)
企业效应	Yes	Yes	Yes	Yes	Yes	Yes
时间效应	Yes	Yes	Yes	Yes	Yes	Yes
$cons$	14.065 8*** (14 667.26)	11.823 9*** (16 393.39)	2.242 0*** (4 184.95)	7.915 3*** (49.61)	8.367 0*** (77.14)	−0.451 8*** (−5.28)
样本量	544 945	544 945	544 945	544 945	544 945	544 945
R^2	0.802 8	0.788 3	0.828 0	0.815 4	0.795 3	0.834 3

注：***、**、* 分别表示在 1%、5%、10% 的显著性水平下显著；括号内的数值为 t 统计量，回归结果皆使用聚类在行业层面的标准误；本章其他回归结果与此注释相同，故略去。

4.4.2　内生性处理

由于本章的核心解释变量是行业层面的指标，一般而言，宏观层面的经济变量难以影响微观层面的经济变量，因此，进口竞争与企业出口规模之间不太可能存在反向因果关系。但由于变量的测量误差以及遗漏变量等问题存在，仍有可能导致估计结果因内生性问题产生偏误。为了确保估计结果的稳健性，本章采用两阶段最小二乘法（2SLS）对计量模型重新进行了估计。借鉴奥特尔等（Autor et al.，2013）构建工具变量的思路，本章采用印度面临的进口竞争指标作为中国面临的进口竞争指标的工具变量。印度作为世界第二大发展中大国，与中国面临的进口竞争具有较高的相似程度，且印度面临的进口竞争不会直接影响中国企业出口规模。其中，印度面临的进口竞争（imp_{jt}^{india}）指标的测算公式如下：

$$imp_{jt}^{india} = \frac{IM_{jt}^{india}}{Q_{jt} + IM_{jt} - EX_{jt}} \qquad (4-5)$$

式（4-5）中，IM_{jt}^{india} 表示印度的 j 行业在 t 时期的进口额，其余指标含义与前文一致。表 4-2 是采用 2SLS 法进行内生性处理后的计量估计结果。从结果来看，第一阶段回归的 F 值大于经验值 10，工具变量不可识别检验（Kleibergen-Paap rk LM）和弱工具变量检验（Kleibergen-Paap rk Wald F）的结果均说明本章选取的工具变量是合理的。进一步从进口竞争变量的估计系数看，可以发现，在处理内生性后，本章在基准估计中得到的结论依然成立，说明结果是稳健的。

表 4-2　内生性处理估计结果

变量	（1）出口规模	（2）集约边际	（3）扩展边际
imp	0.004 8 *	0.002 4	0.002 4 *
	(1.79)	(1.42)	(1.71)
$\ln age$	0.124 1 ***	0.021 6 ***	0.102 5 ***
	(11.73)	(3.04)	(15.02)
$\ln yl$	0.397 6 ***	0.255 1 ***	0.142 5 ***
	(36.01)	(34.98)	(24.09)
$\ln kl$	0.101 5 ***	0.044 7 ***	0.056 7 ***
	(13.21)	(9.51)	(13.96)
$\ln scale$	0.589 1 ***	0.324 9 ***	0.264 2 ***
	(39.93)	(30.70)	(31.08)
$state$	-0.061 0	-0.068 0	0.007 0
	(-0.91)	(-1.33)	(0.19)

变量	（1） 出口规模	（2） 集约边际	（3） 扩展边际
private	0.022 1	0.028 9 ***	−0.006 8
	(1.58)	(2.85)	(−0.79)
foreign	0.140 4 ***	0.079 2 ***	0.061 2 ***
	(5.91)	(4.31)	(4.30)
HMT	0.122 9 ***	0.065 4 ***	0.057 5 ***
	(4.74)	(3.47)	(3.92)
企业效应	Yes	Yes	Yes
时间效应	Yes	Yes	Yes
第一阶段 *F* 值	16.12	16.12	16.12
	[0.000 1]	[0.000 1]	[0.000 1]
Kleibergen-Paap rk LM	3.375	3.375	3.375
	[0.066 2]	[0.066 2]	[0.066 2]
Kleibergen-Paap rk Wald F	16.115	16.115	16.115
	[0.000 0]	[0.000 0]	[0.000 0]
样本量	544 945	544 945	544 945
R^2	0.063 6	0.033 0	0.036 6

注：方括号中的数值为相应检验统计量的 p 值。

4.4.3 稳健性检验

4.4.3.1 排除企业自身进口因素的影响

在前文的分析中，本章重点考察了进口竞争对企业出口规模的影响，其中，有一个前提条件是设定同一个行业内不同企业面临的进口竞争程度是相同的，但是在行业内部，有部分企业自身存在进口行为，而部分企业并不存在进口行为，企业自身进口因素，也可能对企业的出口规模产生影响。如果不对企业自身进口因素加以控制，可能难以从进口竞争效应中剥离企业自身进口通过技术溢出效应、成本节约效应、中间品质量效应对企业出口规模的影响。基于此，本章进一步控制了企业自身进口因素进行稳健性检验。企业自身进口因素变量（ln *firmimport*$_{it}$）采用企业进口额衡量，在回归过程中进行了加1取对数处理。表4-3是排除企业自身进口因素影响的计量估计结果。从结果看，进口竞争指标的回归系数方向与显著性并未发生实质性变化，说明本章的估计结果具有较好的稳健性。

表4-3 排除企业自身进口因素影响的估计结果

变量	(1) 出口规模	(2) 集约边际	(3) 扩展边际
imp	0.003 8**	0.002 1	0.001 7***
	(2.06)	(1.50)	(2.63)
ln firmimport	0.041 4***	0.019 8***	0.021 7***
	(18.28)	(26.12)	(12.23)
ln age	0.124 8***	0.021 9***	0.102 9***
	(12.29)	(3.17)	(15.33)
ln yl	0.376 0***	0.244 8***	0.131 2***
	(34.89)	(35.10)	(22.32)
ln kl	0.088 9***	0.038 7***	0.050 2***
	(12.12)	(8.70)	(12.61)
ln scale	0.547 4***	0.305 0***	0.242 4***
	(37.97)	(30.03)	(29.47)
state	−0.054 4	−0.064 8	0.010 4
	(−0.84)	(−1.29)	(0.29)
private	0.021 6	0.028 7***	−0.007 1
	(1.60)	(2.86)	(−0.85)
foreign	0.128 9***	0.073 7***	0.055 2***
	(5.66)	(4.08)	(4.03)
HMT	0.110 2***	0.059 3***	0.050 9***
	(4.42)	(3.19)	(3.61)
企业效应	Yes	Yes	Yes
时间效应	Yes	Yes	Yes
cons	7.969 5***	8.392 9***	−0.423 4***
	(53.00)	(80.41)	(−5.19)
样本量	544 945	544 945	544 945
R^2	0.819 6	0.796 9	0.837 3

4.4.3.2 改变样本研究期限

考虑到国家统计局在 2011 年前后对"规模以上非国有企业"的定义发生了变化，统计口径的变化可能会影响本章的样本选择，最终对估计结果产生影响。2011 年之前，"规模以上非国有企业"被界定为主营业务收入大于 500 万元的企业，而从 2011 年起，"规模以上非国有企业"则被界定为主营业务收入大于 2 000 万元的企业。一家在 2011 年主营业务收入介于 500 万~2 000 万元之间的企业，很有可能会由于统计口径变化而未被记录在数据库中，而非企业主动退出了出口市场，样本选择偏差也可能对估计结果造成干扰。基于此，本章将样本的时间跨度限定为 2000—2010 年，重新对计量模型进行了检验。表 4-4 是改变样本研究期限后的计量估计结果。从结果来看，在改变样本研究期限后，本章的核心解释变量的回归系数方向与显著性均未发生实质性变化，说明本章的研究结论具有较好的稳健性。

表 4-4　改变样本研究期限的估计结果

变量	(1) 出口规模	(2) 集约边际	(3) 扩展边际
imp	0.004 0 * (1.70)	0.001 6 (0.98)	0.002 4 *** (2.74)
$\ln age$	0.085 6 *** (7.47)	0.011 6 (1.37)	0.074 0 *** (11.16)
$\ln yl$	0.431 5 *** (38.54)	0.282 5 *** (39.29)	0.149 1 *** (24.21)
$\ln kl$	0.140 9 *** (17.91)	0.066 4 *** (11.87)	0.074 5 *** (19.43)
$\ln scale$	0.639 5 *** (47.02)	0.350 5 *** (33.41)	0.289 0 *** (36.98)
$state$	−0.096 7 (−1.35)	−0.102 9 * (−1.81)	0.006 2 (0.15)
$private$	0.023 7 (1.27)	0.025 9 * (1.89)	−0.002 2 (−0.20)

变量	(1) 出口规模	(2) 集约边际	(3) 扩展边际
foreign	0.110 1 ***	0.068 7 ***	0.041 4 **
	(3.81)	(2.96)	(2.42)
HMT	0.101 3 ***	0.060 6 **	0.040 7 **
	(3.35)	(2.57)	(2.33)
企业效应	Yes	Yes	Yes
时间效应	Yes	Yes	Yes
cons	7.391 7 ***	7.996 4 ***	-0.604 6 ***
	(55.30)	(85.15)	(-7.85)
样本量	377 399	377 399	377 399
R^2	0.820 2	0.805 1	0.837 7

4.4.3.3 聚类到企业层面

在前文的分析中，为了解决异方差和自相关问题，本章采用了聚类到行业层面的稳健标准误，为了确保估计结果的稳健性，本章同时采用聚类到企业层面的稳健标准误进行计量估计。表4-5是聚类到企业层面的稳健性检验估计，从结果看，进口竞争指标的回归系数方向和显著性均没有发生实质性变化，进一步说明本章在基准估计中得出的结论具有较好的稳健性。

表4-5 聚类到企业层面的稳健性估计结果

变量	(1) 出口规模	(2) 集约边际	(3) 扩展边际
imp	0.003 7 *	0.002 1	0.001 6 *
	(1.88)	(1.48)	(1.85)
ln *age*	0.124 1 ***	0.021 6 ***	0.102 5 ***
	(13.78)	(3.17)	(18.75)
ln *yl*	0.397 6 ***	0.255 1 ***	0.142 5 ***
	(80.86)	(66.81)	(52.30)
ln *kl*	0.101 5 ***	0.044 7 ***	0.056 7 ***
	(29.07)	(16.45)	(26.79)

变量	(1) 出口规模	(2) 集约边际	(3) 扩展边际
ln *scale*	0.589 1***	0.324 9***	0.264 2***
	(95.23)	(67.81)	(71.78)
state	−0.061 1	−0.068 0	0.006 9
	(−1.08)	(−1.56)	(0.19)
private	0.022 1	0.028 9***	−0.006 8
	(1.62)	(2.83)	(−0.83)
foreign	0.140 4***	0.079 2***	0.061 2***
	(6.06)	(4.45)	(4.25)
HMT	0.122 9***	0.065 4***	0.057 5***
	(5.19)	(3.58)	(3.96)
企业效应	Yes	Yes	Yes
时间效应	Yes	Yes	Yes
cons	7.915 3***	8.367 0***	−0.451 8***
	(131.37)	(179.63)	(−12.82)
样本量	544 945	544 945	544 945
R^2	0.815 4	0.795 3	0.834 3

4.5 影响机制检验

4.5.1 进口产品的市场竞争效应检验

为了检验不同进口产品的市场竞争效应，本章依据联合国经济与社会事务部（UNSD）提供的广义经济分类标准（BEC），将进口产品划分为消费品、中间品和资本品。其中，本章将消费品定义为最终品，中间品和资本品定义为投入品。借鉴前文行业进口渗透率的测算方法，本章分别计算了最终品进口竞争（imp_final_{jt}）和投入品进口竞争（imp_input_{jt}）指标。具体的测算公

式如下:

$$imp\_final_{jt} = \frac{IM_{jt}^{final}}{Q_{jt} + IM_{jt} - EX_{jt}} \tag{4-6}$$

$$imp\_input_{jt} = \frac{IM_{jt}^{input}}{Q_{jt} + IM_{jt} - EX_{jt}} \tag{4-7}$$

其中, IM_{jt}^{final} 为 j 行业的最终品进口总额, IM_{jt}^{input} 为 j 行业的投入品进口总额, 其余指标含义与前文相同。

表4-6是进口产品的市场竞争效应检验的计量估计结果。第 (1) 至 (3) 列是最终品进口竞争对企业出口影响的计量估计结果。其中, 第 (1) 列的估计结果表明, 最终品进口竞争显著促进了企业出口规模增长。进一步从出口边际视角看, 第 (2) 列的估计结果表明, 最终品进口竞争对企业出口集约边际具有显著正向影响, 也就是说, 最终品进口竞争有利于促进企业出口关系中 "产品-目的地" 层面的平均出口额增加。第 (3) 列的估计结果表明, 最终品进口竞争并没有对企业出口关系中的 "产品-目的地" 数量产生显著影响。以上分析说明, 最终品进口竞争主要通过促进企业出口集约边际增加进而促进企业出口增长。其原因可能是, 最终品进口竞争加剧产生了国内市场挤出效应, 在此情况下, 企业更愿意在已有出口关系的基础上扩大出口规模, 而非开拓新的出口关系, 如增加出口产品种类或开拓新的出口市场。

第 (4) 至 (6) 列是投入品进口竞争对企业出口规模影响的计量估计结果。其中, 第 (4) 列的估计结果表明, 投入品进口竞争显著促进了企业出口规模增长。进一步从出口边际视角看, 第 (5) 列的估计结果表明, 投入品进口竞争对企业出口集约边际无显著影响, 也就是说, 投入品进口竞争增加对企业出口关系中 "产品-目的地" 层面的平均出口额没有显著影响。第 (6) 列的估计结果表明, 投入品进口竞争对企业出口扩展边际的影响显著为正, 说明投入品进口竞争增加有利于企业出口关系中的 "产品-目的地" 数量增加。以上分析说明, 投入品进口竞争主要通过促进企业出口扩展边际增加进而促进企业出口增长。其原因可能是, 投入品进口竞争增加, 使得企业可以使用更多廉价、更多种类和更高质量的中间投入品, 从而有利于企业提升生产率, 降低生产成本, 进而有利于企业开拓更多的出口关系。

表4-6　进口产品的市场竞争效应检验的估计结果

变量	(1) 出口规模	(2) 集约边际	(3) 扩展边际	(4) 出口规模	(5) 集约边际	(6) 扩展边际	(7) 出口规模	(8) 集约边际	(9) 扩展边际
imp_final	0.203 1* (1.82)	0.140 8** (2.34)	0.062 3 (0.75)	—	—	—	0.201 2* (1.80)	0.139 9** (2.32)	0.061 3 (0.74)
imp_input	—	—	—	0.003 4* (1.71)	0.001 7 (1.22)	0.001 7** (2.39)	0.003 3* (1.68)	0.001 6 (1.19)	0.001 6** (2.37)
ln age	0.124 2*** (11.75)	0.021 7*** (3.05)	0.102 6*** (15.03)	0.124 1*** (11.73)	0.021 6*** (3.03)	0.102 5*** (15.02)	0.124 2*** (11.75)	0.021 7*** (3.05)	0.102 6*** (15.04)
ln yl	0.397 6*** (35.98)	0.255 1*** (34.96)	0.142 5*** (24.09)	0.397 6*** (36.01)	0.255 1*** (34.98)	0.142 5*** (24.09)	0.397 6*** (35.99)	0.255 1*** (34.96)	0.142 5*** (24.09)
ln kl	0.101 5*** (13.21)	0.044 7*** (9.51)	0.056 7*** (13.96)	0.101 5*** (13.21)	0.044 7*** (9.51)	0.056 7*** (13.96)	0.101 5*** (13.21)	0.044 7*** (9.51)	0.056 7*** (13.96)
ln scale	0.589 1*** (39.95)	0.324 9*** (30.71)	0.264 2*** (31.10)	0.589 1*** (39.92)	0.324 9*** (30.70)	0.264 2*** (31.08)	0.589 1*** (39.95)	0.324 9*** (30.71)	0.264 2*** (31.10)
State	-0.061 7 (-0.92)	-0.068 4 (-1.34)	0.006 7 (0.18)	-0.061 2 (-0.92)	-0.068 1 (-1.33)	0.006 9 (0.18)	-0.061 3 (-0.92)	-0.068 2 (-1.34)	0.006 9 (0.18)
private	0.022 1 (1.57)	0.028 9*** (2.85)	-0.006 8 (-0.79)	0.022 1 (1.58)	0.028 9*** (2.85)	-0.006 8 (-0.79)	0.022 1 (1.57)	0.028 9*** (2.85)	-0.006 8 (-0.79)
foreign	0.140 2*** (5.90)	0.079 1*** (4.31)	0.061 2*** (4.30)	0.140 4*** (5.91)	0.079 2*** (4.31)	0.061 2*** (4.30)	0.140 2*** (5.90)	0.079 1*** (4.31)	0.061 2*** (4.30)

续表

变量	(1) 出口规模	(2) 集约边际	(3) 扩展边际	(4) 出口规模	(5) 集约边际	(6) 扩展边际	(7) 出口规模	(8) 集约边际	(9) 扩展边际
HMT	0.122 6***	0.065 1***	0.057 4***	0.122 9***	0.065 4***	0.057 5***	0.122 6***	0.065 1***	0.057 4***
	(4.73)	(3.46)	(3.92)	(4.74)	(3.47)	(3.92)	(4.73)	(3.46)	(3.92)
企业效应	Yes	Yes	Yes	Yes	Yes	Yes	Yes	Yes	Yes
时间效应	Yes	Yes	Yes	Yes	Yes	Yes	Yes	Yes	Yes
cons	7.912 1***	8.364 8***	-0.452 7***	7.915 4***	8.367 1***	-0.451 7***	7.911 7***	8.364 6***	-0.452 9***
	(49.72)	(77.29)	(-5.30)	(49.62)	(77.14)	(-5.28)	(49.71)	(77.28)	(-5.31)
样本量	544 945	544 945	544 945	544 945	544 945	544 945	544 945	544 945	544 945
R^2	0.815 4	0.795 3	0.834 3	0.815 4	0.795 3	0.834 3	0.815 4	0.795 3	0.834 3

为了避免遗漏变量对估计结果的影响，在第（7）至（9）列同时控制了最终品进口竞争指标和投入品进口竞争指标，从估计结果来看，各核心解释变量的估计系数方向和显著性均未发生实质性的变化，即最终品进口竞争通过集约边际促进了企业出口增长，投入品进口竞争通过扩展边际促进了企业出口增长，这说明本章的研究结论具有较好的稳健性，以上分析论证了本章假说1成立。

4.5.2 市场挤出效应检验

为了检验市场挤出效应，本章借鉴戴觅和茅锐（2015）的做法，采用企业工业销售额与企业出口额的差值衡量企业的内销额，并进行了取对数处理。若进口竞争降低了企业内销额，且同时促进了企业出口增长，则说明进口竞争通过市场挤出效应促进了企业出口增长。

表4-7是市场挤出效应检验的估计结果。其中，第（1）列的估计结果表明，进口竞争增加导致企业在国内市场的销售额下降，结合基准估计的结论可知，进口竞争导致企业的内销规模减小，出口规模增加，说明国内市场挤出效应存在。第（2）列的估计结果表明，最终品进口竞争显著降低了企业内销额。第（3）列的估计结果表明，投入品进口竞争对企业的内销额无显著影响。结合进口产品的市场竞争效应检验得到的结论可知，最终品进口竞争对企业出口产生了市场挤出效应，而投入品进口竞争并不存在市场挤出效应。为了确保估计结果的稳健性，本章在第（4）列同时控制了最终品进口竞争指标和投入品进口竞争指标，从估计结果看，研究结论依然成立。总的来看，国内市场挤出效应是进口竞争促进企业出口规模增长的重要传导机制，且这种效应主要是由最终品进口竞争加剧导致的，以上分析论证了本章假说2成立。

表4-7 市场挤出效应检验的估计结果

变量	(1) 内销额	(2) 内销额	(3) 内销额	(4) 内销额
imp	-0.001 3 * (-1.71)	—	—	—

续表

变量	（1） 内销额	（2） 内销额	（3） 内销额	（4） 内销额
imp_final	—	−0.025 5*	—	−0.025 1*
		（−1.86）		（−1.82）
imp_input	—	—	−0.000 9	−0.000 8
			（−1.44）	（−1.20）
ln *age*	0.010 1	0.010 0	0.010 1	0.010 0
	（1.34）	（1.33）	（1.34）	（1.33）
ln *yl*	0.964 7***	0.964 7***	0.964 7***	0.964 7***
	（67.52）	（67.52）	（67.52）	（67.52）
ln *kl*	0.034 6***	0.034 6***	0.034 6***	0.034 6***
	（12.31）	（12.32）	（12.31）	（12.32）
ln *scale*	0.951 0***	0.950 9***	0.951 0***	0.950 9***
	（99.84）	（99.86）	（99.84）	（99.87）
state	0.029 9	0.030 1	0.029 9	0.030 0
	（1.16）	（1.17）	（1.16）	（1.16）
private	−0.002 9	−0.002 9	−0.002 9	−0.002 9
	（−0.31）	（−0.32）	（−0.31）	（−0.32）
foreign	−0.061 7***	−0.061 6***	−0.061 7***	−0.061 6***
	（−4.78）	（−4.77）	（−4.78）	（−4.78）
HMT	−0.056 8***	−0.056 7***	−0.056 8***	−0.056 7***
	（−3.70）	（−3.70）	（−3.70）	（−3.70）
企业效应	Yes	Yes	Yes	Yes
时间效应	Yes	Yes	Yes	Yes
cons	−0.412 4***	−0.411 7***	−0.412 5***	−0.411 6***
	（−3.35）	（−3.35）	（−3.35）	（−3.35）
样本量	484 728	484 728	484 728	484 728
R^2	0.918 3	0.918 3	0.918 3	0.918 3

4.5.3 企业生产率效应检验

为了检验企业生产率效应，本章采用劳动生产率作为企业生产率的代理指标，并作为因变量进行计量估计①。表4-8是企业生产率效应检验的估计结果。其中，第（1）列的估计结果表明，进口竞争对企业生产率的影响显著为正，这在一定程度上说明，进口竞争有利于提升企业生产率，结合基准估计结果可知，企业生产率提升有利于促进企业出口规模增长。以上分析表明，企业生产率提升是进口竞争促进企业出口增长的重要传导机制。第（2）列的估计结果表明，最终品进口竞争对企业生产率的影响为负，但未通过10%水平的显著性检验，说明最终品进口竞争不存在企业生产率提升效应。第（3）列的估计结果表明，投入品进口竞争显著促进了企业生产率提升，结合前文的估计结果可知，企业生产率提升可促进企业出口增长，这说明投入品进口竞争存在企业生产率提升效应。为了确保估计结果的可靠性，在第（4）列中同时控制了最终品进口竞争指标和投入品进口竞争指标，从估计结果看，本章得到的结论依然成立，以上分析论证了本章假说3成立。

表4-8　企业生产率提升效应检验的估计结果

变量	（1）企业生产率	（2）企业生产率	（3）企业生产率	（4）企业生产率
imp	0.001 2 **	—	—	—
	(2.03)			
imp_final	—	−0.001 6	—	−0.002 0
		(−0.28)		(−0.36)
imp_input	—	—	0.001 3 **	0.001 3 **
			(2.14)	(2.16)
ln age	0.161 9 ***	0.161 9 ***	0.161 9 ***	0.161 9 ***
	(18.14)	(18.14)	(18.14)	(18.14)
ln kl	0.127 3 ***	0.127 3 ***	0.127 3 ***	0.127 3 ***
	(28.18)	(28.18)	(28.18)	(28.18)
ln scale	−0.413 1 ***	−0.413 2 ***	−0.413 2 ***	−0.413 2 ***
	(−59.70)	(−59.69)	(−59.70)	(−59.69)

① 之所以采用劳动生产率衡量企业生产率，是由于测算企业生产率需要利用中国工业企业数据库中的工业中间投入和工业增加值指标，而2007年之后，中国工业企业数据库中便不再提供工业中间投入和工业增加值指标，因此，为了尽可能延长样本的研究期限，本章采用劳动生产率作为企业生产率的代理变量。

变量	（1）企业生产率	（2）企业生产率	（3）企业生产率	（4）企业生产率
state	-0.075 3 ***	-0.075 5 ***	-0.075 3 ***	-0.075 3 ***
	(-2.72)	(-2.73)	(-2.72)	(-2.72)
private	0.006 6	0.006 6	0.006 6	0.006 6
	(0.85)	(0.85)	(0.85)	(0.85)
foreign	0.002 7	0.002 8	0.002 7	0.002 8
	(0.20)	(0.20)	(0.20)	(0.20)
HMT	-0.000 5	-0.000 5	-0.000 5	-0.000 5
	(-0.04)	(-0.04)	(-0.04)	(-0.04)
企业效应	Yes	Yes	Yes	Yes
时间效应	Yes	Yes	Yes	Yes
cons	7.042 5 ***	7.042 7 ***	7.042 5 ***	7.042 5 ***
	(161.05)	(160.98)	(161.05)	(160.98)
样本量	544 945	544 945	544 945	544 945
R^2	0.838 4	0.838 4	0.838 4	0.838 4

总的来看，进口竞争通过促进企业生产率提升进而促进了企业出口增长，且这一效应主要是由于投入品进口竞争加剧导致的。其原因可能是，投入品进口竞争加剧，会使得企业有更多的机会利用国外高质量、高技术含量的中间品和资本品，从而有利于企业提升生产效率。而企业生产率提高可降低企业的边际生产成本，从而有利于企业开拓更多的出口关系（扩展边际），进而有利于企业通过扩展边际促进出口增长。

4.6 异质性分析

4.6.1 企业所有制视角

进口竞争对企业出口的影响可能受企业所有制不同而产生异质性效应。

基于此，本章在基准计量模型的基础上，同时引入进口竞争与国有企业、私营企业、外资企业、港澳台资企业虚拟变量的交互项。表 4-9 是基于企业所有制视角的异质性分析估计结果。第（1）列的估计结果表明，进口竞争显著促进了私营企业的出口增长，但是对其他所有制企业的出口规模无显著影响。进一步从出口边际视角看，进口竞争主要通过促进私营企业的扩展边际进而促进了其出口增长，对私营企业的出口集约边际影响不显著。

表 4-9　基于企业所有制视角的异质性分析的估计结果

变量	（1） 出口规模	（2） 集约边际	（3） 扩展边际
imp	−0.000 8 (−0.50)	0.000 5 (0.29)	−0.001 4 (−0.73)
$imp \times state$	−0.007 6 (−0.10)	0.010 4 (0.28)	−0.017 9 (−0.37)
$imp \times private$	0.009 2*** (3.07)	0.004 8 (1.63)	0.004 4*** (3.04)
$imp \times foreign$	0.002 1 (0.55)	−0.000 7 (−0.18)	0.002 8 (1.34)
$imp \times HMT$	0.005 3 (1.64)	0.001 2 (0.41)	0.004 1* (1.90)
$\ln age$	0.124 1*** (11.73)	0.021 6*** (3.03)	0.102 5*** (15.01)
$\ln yl$	0.397 6*** (35.99)	0.255 1*** (34.97)	0.142 4*** (24.08)
$\ln kl$	0.101 5*** (13.21)	0.044 8*** (9.51)	0.056 7*** (13.96)
$\ln scale$	0.589 1*** (39.92)	0.324 9*** (30.70)	0.264 2*** (31.08)
$state$	−0.060 2 (−0.87)	−0.070 3 (−1.35)	0.010 1 (0.26)

变量	（1） 出口规模	（2） 集约边际	（3） 扩展边际
private	0.020 7	0.028 2 ***	−0.007 5
	(1.48)	(2.78)	(−0.86)
foreign	0.140 0 ***	0.079 3 ***	0.060 7 ***
	(5.89)	(4.32)	(4.26)
HMT	0.121 9 ***	0.065 1 ***	0.056 8 ***
	(4.71)	(3.46)	(3.87)
企业效应	Yes	Yes	Yes
时间效应	Yes	Yes	Yes
cons	7.916 0 ***	8.367 2 ***	−0.451 2 ***
	(49.62)	(77.14)	(−5.28)
样本量	544 945	544 945	544 945
R^2	0.815 4	0.795 3	0.834 3

其原因可能是，对于外资企业（包括港澳台企业）而言，其在中国大陆投资主要目的是利用中国大陆廉价的劳动力进行生产与组装，因此其受进口产品的竞争效应影响较小；对于国有企业而言，由于其与政府的关联程度较高，具有一定的垄断优势，因此其受进口竞争的影响较小；相比较而言，私营企业追求利润最大化，通常以效率为导向，因此当进口竞争增加时，私营企业有较强的动力寻找新的出口关系（产品-目的地），进而有利于扩大企业的出口规模。

4.6.2 企业出口经验视角

进口竞争对企业出口的影响可能受企业出口经验的不同而产生异质性效应。基于此，本章采用企业在当年的累计出口年份数量作为企业出口经验的代理变量。表4-10是基于企业出口经验视角的异质性分析估计结果。其中，第（1）列的估计结果表明，当企业的出口经验较少时[①]，进口竞争会降低企

---

① 由回归结果可知，出口经验的临界值为2.26年。

业的出口规模，但当企业出口经验超过一定年数时，进口竞争将有利于促进企业出口规模增长，且企业出口经验越丰富，进口竞争对企业出口规模增长的促进作用越大。进一步从出口边际视角看，结果表明，当企业出口经验较少时，进口竞争显著抑制了企业出口扩展边际增长，但当企业出口经验超过一定年数时，进口竞争有利于促进企业出口扩展边际增长，且出口经验越丰富，进口竞争对企业出口扩展边际的促进作用越大。

表 4-10   基于企业出口经验视角的异质性分析的估计结果

变量	（1）出口规模	（2）集约边际	（3）扩展边际
imp	−0.010 4 **	0.000 7	−0.011 1 ***
	（−2.43）	（0.23）	（−4.13）
$imp \times experience$	0.004 6 ***	0.000 5	0.004 2 ***
	（3.40）	（0.49）	（4.68）
$experience$	0.016 2 ***	0.003 7	0.012 5 ***
	（3.06）	（0.85）	（4.12）
$\ln age$	0.124 8 ***	0.021 7 ***	0.103 1 ***
	（13.85）	（3.20）	（18.84）
$\ln yl$	0.397 9 ***	0.255 2 ***	0.142 7 ***
	（80.86）	（66.81）	（52.37）
$\ln kl$	0.101 6 ***	0.044 8 ***	0.056 9 ***
	（29.11）	（16.46）	（26.84）
$\ln scale$	0.589 5 ***	0.325 0 ***	0.264 5 ***
	（95.22）	（67.80）	（71.83）
$state$	−0.061 2	−0.068 0	0.006 8
	（−1.08）	（−1.56）	（0.19）
$private$	0.022 0	0.028 9 ***	−0.006 9
	（1.61）	（2.83）	（−0.83）
$foreign$	0.138 3 ***	0.078 7 ***	0.059 6 ***
	（5.98）	（4.42）	（4.14）
HMT	0.120 8 ***	0.064 9 ***	0.055 9 ***
	（5.11）	（3.56）	（3.85）

变量	（1） 出口规模	（2） 集约边际	（3） 扩展边际
企业效应	Yes	Yes	Yes
时间效应	Yes	Yes	Yes
cons	7.847 4 *** （120.85）	8.351 6 *** （166.12）	-0.504 2 *** （-13.40）
样本量	544 945	544 945	544 945
R²	0.815 4	0.795 3	0.834 3

总的来看，企业出口经验越丰富，进口竞争越有利于通过扩展边际促进企业出口增长。其原因可能是，企业出口经验越丰富，其对国外产品市场的消费需求信息和消费偏好信息了解得就越充分，从而越有利于企业开拓新的出口关系（"产品-目的地"数量），进而有利于促进企业出口增长（易靖韬和蒙双，2017；郭琪等，2020）。而对于出口经验少的企业而言，尤其是首次出口的企业，由于缺乏出口经验，对出口目的地的市场需求和消费偏好等信息了解得不够充分，因此其开拓出口市场的难度较大、成本较高。当进口竞争增加时，出口企业将更积极地开拓国际市场，出口竞争也会相应增加，处于信息劣势地位的出口企业，往往会被出口经验丰富的企业抢占出口市场，进而会降低企业出口规模。

4.6.3　行业要素密集度视角

进口竞争对企业出口规模的影响可能受行业要素密集度不同而产生差异化效应。基于此，本章首先将企业所属的行业按要素密集度划分为劳动密集型行业（$labor_{jt}$）、技术密集型行业（$tech_{jt}$）和资本密集型行业（$capital_{jt}$），并生成不同要素密集度行业的虚拟变量。其次，在基准计量模型的基础上，引入进口竞争与技术密集型行业虚拟变量的交互项和进口竞争与资本密集型行业虚拟变量的交互项。

表4-11是基于行业要素密集度视角的异质性分析的估计结果。从第（1）列的估计结果看，进口竞争指标显著为正，进口竞争与技术密集型行业虚拟

变量的交互项显著为负，且系数小于进口竞争指标，进口竞争与资本密集型行业的交互项显著为负，且系数小于进口竞争指标，这说明进口竞争对不同要素密集度行业的企业出口规模均具有显著促进作用，并且进口竞争对劳动密集型行业的企业出口规模促进作用最大，对技术密集型和资本密集型行业的企业出口规模促进作用相对较小。进一步看，第（2）列的估计结果表明，进口竞争对不同要素密集度行业的企业出口集约边际的影响均不显著。第（3）列的估计结果表明，进口竞争对不同要素密集度行业的企业出口扩展边际均具有显著促进作用，但是相对而言，进口竞争对劳动力密集型企业扩展边际的促进作用远大于对技术、资本密集型的企业。

表 4-11　基于行业要素密集度视角的异质性分析的估计结果

变量	（1） 出口规模	（2） 集约边际	（3） 扩展边际
imp	0.046 6 **	0.019 7	0.027 0 **
	（2.14）	（1.39）	（2.54）
imp×tech	−0.041 4 *	−0.015 7	−0.025 7 **
	（−1.90）	（−1.11）	（−2.41）
tech	0.008 3	0.004 6	0.003 7
	（0.35）	（0.30）	（0.22）
imp×capital	−0.045 5 **	−0.019 5	−0.025 9 **
	（−2.08）	（−1.38）	（−2.44）
capital	0.018 6	0.029 1 *	−0.010 4
	（0.80）	（1.80）	（−0.60）
ln age	0.124 2 ***	0.021 6 ***	0.102 6 ***
	（11.74）	（3.04）	（15.04）
ln yl	0.397 6 ***	0.255 1 ***	0.142 5 ***
	（36.01）	（34.99）	（24.09）
ln kl	0.101 5 ***	0.044 8 ***	0.056 7 ***
	（13.21）	（9.51）	（13.96）
ln scale	0.589 1 ***	0.324 9 ***	0.264 2 ***
	（39.93）	（30.70）	（31.09）

变量	（1） 出口规模	（2） 集约边际	（3） 扩展边际
state	-0.061 2 （-0.92）	-0.067 8 （-1.33）	0.006 6 （0.18）
private	0.022 2 （1.58）	0.028 9 *** （2.86）	-0.006 8 （-0.78）
foreign	0.140 5 *** （5.91）	0.079 2 *** （4.32）	0.061 3 *** （4.30）
HMT	0.123 0 *** （4.75）	0.065 3 *** （3.47）	0.057 6 *** （3.93）
企业效应	Yes	Yes	Yes
时间效应	Yes	Yes	Yes
cons	7.904 8 *** （49.16）	8.356 3 *** （76.23）	-0.451 5 *** （-5.26）
样本量	544 945	544 945	544 945
R^2	0.815 4	0.795 3	0.834 3

总的来看，进口竞争更有利于促进劳动密集型企业通过扩展边际的扩张进而促进其出口规模增长。其原因可能是，相对而言，在劳动密集型行业中，企业生产的产品技术含量低、替代弹性高，当进口竞争增加时，劳动密集型行业的企业受到的竞争冲击较大，因此，劳动密集型行业的企业可能具有更大的动力通过开拓更多的出口关系（"产品-目的地"数量）促进企业出口增长。

4.6.4　出口目的地经济发展水平视角

进口竞争对不同经济发展水平目的地的出口规模影响可能存在差异。基于此，本章将企业出口总额划分为对高收入国家的出口额和对中低收入国家的出口额①，并分别考察进口竞争对高收入国家、中低收入国家的出口规模的

---

① 高收入国家和中低收入国家的划分标准依据世界银行数据库划分的标准进行界定。

影响。

表 4-12 是基于出口目的地经济发展水平视角异质性分析的计量估计结果。其中,第(1)至(3)列是进口竞争对中国企业向高收入国家出口影响的估计结果。从结果看,进口竞争显著促进了中国企业向高收入国家的出口规模增长,且出口增长主要来自扩展边际增加。第(4)至(6)列是进口竞争对中国企业向中低收入国家出口影响的估计结果。从结果来看,进口竞争显著促进了中国企业对中低收入国家的出口规模增长,进一步从出口边际视角看,进口竞争显著促进了中国企业对中低收入国家出口的扩展边际和集约边际增长。总的来看,进口竞争对不同经济发展水平国家的出口规模增长均具有显著促进作用,进口竞争主要通过促进出口扩展边际增长促进企业向高收入国家的出口增长,进口竞争会同时通过促进出口集约边际和扩展边际增加促进企业向中低收入国家的出口增长。以上分析说明,进口竞争更有利于企业向中低收入国家的出口关系中扩大平均出口额。其原因可能是,相比于高收入国家,中低收入国家的进入门槛相对较低,当国内市场竞争加剧时,出口企业更有利于开拓中低收入国家的市场。

表 4-12　基于出口目的地发展水平视角异质性分析的估计结果

变量	高收入国家			中低收入国家		
	(1) 出口规模	(2) 集约边际	(3) 扩展边际	(4) 出口规模	(5) 集约边际	(6) 扩展边际
imp	0.003 6 ** (2.12)	0.002 0 (1.58)	0.001 6 ** (2.53)	0.004 5 *** (2.98)	0.002 9 *** (2.69)	0.001 6 *** (2.88)
$\ln age$	0.124 7 *** (10.31)	0.027 0 *** (2.93)	0.097 7 *** (13.21)	0.110 8 *** (7.65)	0.033 4 *** (3.04)	0.077 4 *** (10.01)
$\ln yl$	0.393 3 *** (34.35)	0.265 7 *** (31.32)	0.127 5 *** (24.97)	0.357 1 *** (28.08)	0.209 3 *** (22.02)	0.147 8 *** (23.27)
$\ln kl$	0.101 3 *** (11.80)	0.050 0 *** (9.03)	0.051 3 *** (12.96)	0.087 8 *** (10.20)	0.036 3 *** (6.29)	0.051 5 *** (11.84)
$\ln scale$	0.581 0 *** (37.47)	0.340 1 *** (27.46)	0.240 9 *** (31.69)	0.502 4 *** (26.97)	0.260 2 *** (19.57)	0.242 2 *** (26.34)

续表

变量	高收入国家			中低收入国家		
	（1） 出口规模	（2） 集约边际	（3） 扩展边际	（4） 出口规模	（5） 集约边际	（6） 扩展边际
State	-0.058 2	-0.067 1	0.008 9	0.014 4	-0.012 7	0.027 1
	（-0.89）	（-1.22）	（0.26）	（0.16）	（-0.20）	（0.56）
private	0.003 5	0.016 1	-0.012 6	0.004 7	0.018 3	-0.013 6
	（0.21）	（1.25）	（-1.40）	（0.27）	（1.40）	（-1.33）
foreign	0.128 6 ***	0.077 9 ***	0.050 7 ***	0.080 8 **	0.041 1	0.039 7 **
	（5.22）	（4.00）	（3.76）	（2.44）	（1.43）	（2.26）
HMT	0.108 5 ***	0.057 0 ***	0.051 5 ***	0.075 8 **	0.040 2	0.035 5 *
	（4.37）	（3.10）	（3.71）	（2.13）	（1.36）	（1.94）
企业效应	Yes	Yes	Yes	Yes	Yes	Yes
时间效应	Yes	Yes	Yes	Yes	Yes	Yes
cons	7.669 0 ***	8.164 9 ***	-0.496 0 ***	7.273 5 ***	8.177 4 ***	-0.903 9 ***
	（47.07）	（66.65）	（-6.57）	（36.61）	（56.19）	（-9.92）
样本量	499 543	499 543	499 543	369 056	369 056	369 056
R^2	0.815 9	0.790 6	0.832 2	0.771 3	0.737 4	0.795 0

4.7　进一步扩展分析

4.7.1　进口竞争与企业出口扩展边际分解

在前文的分析中，本章将企业出口边际定义为企业出口关系中"产品–目的地"的数量，研究发现，进口竞争主要通过促进扩展边际增加进而促进了企业出口增长。但是，"产品–目的地"数量的增长，究竟来源于产品种类增长，还是目的地数量增长，抑或是产品种类和目的地数量均呈现增长还尚不清晰。基于此，本章借鉴伯纳德等（Bernard et al.，2014）的做法将企业扩展边际进行进一步分解，分解公式如下：

$$exportnum_{it} = C_{it} P_{it} D_{it} \tag{4-8}$$

其中，C_{it} 表示企业的出口目的地数量；P_{it} 表示企业的出口产品种类；D_{it} 表示企业的出口覆盖率，即企业实际发生的"产品-目的地"数量与企业理论上可能发生的"产品-目的地"数量的最大值之比，测算公式为：

$$D_{it} = \frac{exportnum_{it}}{C_{it} P_{it}}$$

对式（4-8）两端取对数可得：

$$\ln exportnum_{it} = \ln C_{it} + \ln P_{it} + \ln D_{it} \tag{4-9}$$

表 4-13 是进口竞争对企业出口扩展边际影响进一步分析的计量估计结果。其中，第（1）列的估计结果表明，进口竞争对企业的出口目的地数量无显著影响。第（2）列的估计结果表明，进口竞争显著促进了企业的出口产品种类增加。第（3）列的估计结果表明，进口竞争对企业出口覆盖率无显著影响。总的来看，进口竞争主要通过促进企业出口产品种类增加，进而促进了企业出口增长。其原因可能是，开拓新的市场的成本往往高于在已有市场上出口新的产品的成本，当进口竞争增加时，企业有更多的机会接触更多种类和更高质量的中间投入品，从而有利于企业生产新的产品或改进已有产品种类的质量，突破出口限制，进而通过促进企业出口产品种类增加扩大企业的出口规模。

表 4-13　进口竞争对企业出口扩展边际影响的估计结果

变量	（1） 目的地数量	（2） 产品种类	（3） 出口覆盖率
imp	0.000 7	0.001 3 ***	−0.000 3
	(1.00)	(2.64)	(−1.28)
$\ln age$	0.084 0 ***	0.062 5 ***	−0.044 0 ***
	(15.97)	(11.23)	(−12.99)
$\ln yl$	0.115 8 ***	0.076 4 ***	−0.049 8 ***
	(21.61)	(18.05)	(−17.50)
$\ln kl$	0.047 2 ***	0.032 2 ***	−0.022 7 ***
	(12.63)	(13.48)	(−13.10)

续表

变量	（1） 目的地数量	（2） 产品种类	（3） 出口覆盖率
ln *scale*	0.212 3 ***	0.145 7 ***	−0.093 9 ***
	（25.81）	（18.85）	（−21.99）
state	0.011 6	0.030 7	−0.035 4 *
	（0.35）	（1.09）	（−1.83）
private	−0.003 9	−0.010 8	0.007 8 *
	（−0.52）	（−1.65）	（1.73）
foreign	0.038 7 ***	0.045 9 ***	−0.023 3 ***
	（3.16）	（4.26）	（−3.18）
HMT	0.037 6 ***	0.047 8 ***	−0.027 9 ***
	（2.77）	（4.66）	（−3.60）
企业效应	Yes	Yes	Yes
时间效应	Yes	Yes	Yes
cons	−0.558 6 ***	−0.203 2 ***	0.310 1 ***
	（−6.57）	（−2.96）	（7.24）
样本量	544 945	544 945	544 945
R^2	0.842 4	0.807 6	0.748 7

4.7.2 进口竞争与企业出口规模波动

到目前为止，本章已经系统地分析了进口竞争对中国企业出口规模的影响。在国家实施"稳外贸"的政策背景下，本章进一步关注的问题是进口竞争是否会影响中国企业的出口规模波动。为了检验这一问题，本章依据研究目标，借鉴鲁晓东和李林峰（2018）的做法，构建了如下计量方程：

$$volality_i = \beta_0 + \beta_1 imp_j + \gamma X_i + \delta_j + \delta_p + \varepsilon_i \qquad (4-10)$$

其中，$volality_i$ 表示企业出口波动指标，具体包含企业出口规模波动、企业出口集约边际波动、企业出口扩展边际波动三个指标。本章采用企业在样本期内出口规模、出口集约边际、出口扩展边际增长率的方差刻画企业出口波动。其中，imp_j 和 X_i 与前文的含义相同。需要说明的是，由于出口波动指标为截面数据，因此本章将进口竞争指标和企业层面随时间变化的控制变量均做了取均值处理。δ_j 和 δ_p 分别为行业效应和省份效应，ε_i 为随机误差项。出口波动指标的具体计算公式如下：

$$volalitity_i = \sum_t \left(g_{it} - \bar{g}_{it} \right)^2 \qquad (4-11)$$

$$g_{it} = \frac{export_{it} - export_{it-1}}{1/2(export_{it} + export_{it-1})} \qquad (4-12)$$

表 4-14 是进口竞争对企业出口波动影响的计量估计结果。从结果来看，第（1）列的结果表明，进口竞争对企业出口规模波动的影响为负，且通过了10% 水平的显著性检验，说明进口竞争有利于抑制企业出口规模波动。进一步从出口边际视角看，第（2）列的估计结果表明，进口竞争显著抑制了企业出口集约边际波动；第（3）列的估计结果表明，进口竞争对企业出口扩展边际波动无显著影响。总的来看，进口竞争更有利于通过降低企业出口集约边际波动进而抑制企业出口规模波动。结合前文的研究结论可知，进口竞争在促进企业出口稳定增长方面具有一定的积极影响，这对于国家实施"稳外贸""稳出口"政策具有重要的政策指导意义。

表 4-14　进口竞争对企业出口规模波动的影响

变量	（1） 出口规模波动	（2） 集约边际波动	（3） 扩展边际波动
imp	−0.007 0*	−0.006 5*	0.001 1
	(−1.77)	(−1.65)	(0.34)
$\ln age$	−0.090 2***	−0.062 6***	−0.053 5***
	(−12.89)	(−9.67)	(−13.32)
$\ln yl$	0.001 6	−0.000 9	−0.008 0***
	(0.25)	(−0.16)	(−2.66)
$\ln kl$	0.034 2***	0.026 1***	0.014 2***
	(9.54)	(8.58)	(7.71)
$\ln scale$	−0.047 1***	−0.045 2***	−0.025 1***
	(−10.68)	(−11.70)	(−13.17)

续表

变量	（1） 出口规模波动	（2） 集约边际波动	（3） 扩展边际波动
state	0.129 0 ***	0.105 7 ***	0.062 3 ***
	（3.74）	（3.66）	（3.95）
private	−0.041 3 ***	−0.030 5 ***	−0.021 0 ***
	（−3.88）	（−3.30）	（−3.93）
foreign	−0.223 5 ***	−0.122 3 ***	−0.105 6 ***
	（−16.41）	（−9.08）	（−10.96）
HMT	−0.152 7 ***	−0.086 6 ***	−0.086 1 ***
	（−13.41）	（−8.88）	（−14.97）
行业效应	Yes	Yes	Yes
省份效应	Yes	Yes	Yes
cons	0.987 1 ***	0.867 3 ***	0.609 0 ***
	（17.84）	（15.86）	（28.88）
样本量	79 223	79 223	79 223
R^2	0.061 6	0.054 5	0.041 7

4.8 本章小结

本章从进口冲击视角，实证研究了进口竞争对中国企业出口规模的影响。研究发现，进口竞争总体上有利于促进中国企业出口增长，且在一定程度上有利于抑制中国企业出口规模波动。总体而言，从出口规模视角看，进口竞争对中国企业出口规模产生了正向的竞争冲击影响。具体来看，本章得出的主要结论如下：

（1）进口竞争总体上有利于促进企业出口增长，且主要通过出口扩展边际发挥作用。从不同最终用途进口产品视角看，最终品进口竞争有利于通过促进企业出口集约边际增加进而促进企业出口增长，投入品进口竞争有利于通过促进企业扩展边际增加进而促进企业出口增长。

（2）国内市场挤出效应和企业生产率提升效应是进口竞争促进企业出口增长的重要传导机制。一方面，进口竞争会侵蚀企业的国内市场份额，迫使企业转向国际市场促进出口增长，产生了市场挤出效应，且这一效应主要是由最终品进口竞争加剧导致的；另一方面，进口竞争有利于提升企业生产率，从而有利于降低企业生产成本，促进企业出口增长，且这一效应主要是由投入品进口竞争加剧导致的。

（3）进口竞争有利于私营企业通过促进扩展边际增长进而促进企业出口规模增长。出口经验越丰富，进口竞争越有利于通过扩展边际促进企业出口增长；相比于资本密集型企业和技术密集型企业，进口竞争更有利于劳动密集型企业通过扩展边际促进企业出口增长；进口竞争有利于通过扩展边际增长促进企业向高收入国家的出口规模增长，进口竞争有利于通过集约边际和扩展边际增长促进企业向中低收入国家的出口规模增长。

（4）通过对企业出口扩展边际的进一步分解发现，进口竞争主要通过促进企业出口种类增加进而促进企业出口增长。

（5）进口竞争有利于抑制企业出口波动，且主要通过抑制企业出口集约边际波动发挥作用。

5 进口竞争对中国企业出口产品质量的影响

5.1 引言

"十四五"时期，中国仍将以推动经济高质量发展为主题，这是党中央根据中国发展阶段、发展环境、发展条件变化做出的科学判断。毫无疑问，中国将坚定不移地推进改革，坚定不移地扩大开放，坚持实施更大范围、更宽领域、更深层次的对外开放，破除制约高质量发展、高品质生活的体制机制障碍，增强经济高质量发展的动力和活力。出口一直是中国经济发展的重要推动力量，出口产品质量是经济高质量发展的重要维度。

从出口规模看，中国已经成为名副其实的出口大国。从出口产品质量看，中国尚未成为出口强国，尽管中国的出口结构不断优化，出口技术含量稳步提升，但是中国企业的平均出口产品质量与世界主要发达国家仍然存在较大差距，提高出口产品质量是出口企业在国际市场上获取核心竞争力的关键，也是中国经济高质量发展的重要组成部分。在此背景下，弄清楚何种因素会推动或阻碍中国企业出口产品质量升级是促进中国经济高质量发展的关键点之一，也是学者们需要重点关注的学术焦点问题。

针对影响企业出口产品质量的因素，已有文献展开了较为丰富的研究。其中，部分学者从政府补贴与市场竞争（张杰等，2015）、最低工资标准（许和连和王海成，2016）、市场竞争与融资约束（许明，2016）、中间品进口（许家云等，2017；Fan et al.，2018）、人民币汇率变动（张明志和季克佳，2018）、市场重合与侵蚀性竞争（侯欣裕等，2020）等视角考察了中国企业出口产品质量影响因素，但是从进口竞争视角进行考察的文献还相对较少。

积极扩大进口是中国新一轮高水平对外开放的重要内容，为了扩大进口，中国举办了中国国际进口博览会，培育了一批进口贸易促进创新示范区，调整了部分商品的进口关税，提高了进口便利化水平，中国进口快速发展。研究积极扩大进口与出口产品质量之间的关系具有重大现实意义，也是国际循环和国内循环相互促进的现实写照。近年来，由进口扩张而引发的进口竞争效应已经成为当前学界研究的热点问题。进口竞争增加，一方面可能对国内企业产生负面竞争冲击，挤占国内企业的市场份额，增加国内企业退出市场的风险；另一方面可能会产生"鲶鱼效应"，即通过外部竞争激发国内企业的活力，倒逼国内企业改革（魏浩等，2019）。

加入 WTO 以来，中国的进口贸易经历了快速发展的阶段。围绕扩大进口，政府颁布和实施了一系列的政策和指导意见。积极扩大进口是党中央做出的重大战略决策，已经成为国家的一项长期重大战略。习近平总书记在 2018 年举办的首届中国国际进口博览会开幕式上指出："中国主动扩大进口，不是权宜之计，而是面向世界、面向未来、促进共同发展的长远考量。"[①] 2020 年度的政府工作报告指出，积极扩大进口，发展更高水平面向世界的大市场。在国家实施积极扩大进口的政策背景下，进口竞争是否会对国内企业产生负面冲击效应，将是国内学者亟须研究的重大现实问题。基于此，本章重点关注进口竞争是否会对中国企业出口产品质量产生负面影响？若有影响，其潜在的机制是什么？正确回答这些问题，对于加深理解如何促使企业规避进口冲击风险、促进企业提升出口产品质量，从而实现经济高质量发展具有重大的现实意义。

本章的主要研究发现：①总体上来说，进口竞争显著抑制了中国企业出口产品质量提升。其中，最终品进口竞争显著抑制了企业出口产品质量提升，投入品进口竞争显著促进了企业出口产品质量提升，且最终品进口竞争的抑制效应大于投入品进口竞争的促进效应。②进口竞争主要通过抑制企业创新这一路径降低了中国企业出口产品质量。此外，知识产权保护也是进口竞争影响中国企业出口产品质量的一个重要调节机制，较低程度的知识产权保护，

---

① 习近平. 共建创新包容的开放型世界经济：在首届中国国际进口博览会开幕式上的主旨演讲 [N]. 人民日报，2018-11-06.

会使得进口竞争促进企业出口产品质量提升，而较高的知识产权保护会导致进口竞争对企业出口产品质量产生显著抑制作用。③进口竞争对不同生产率企业、不同所有制企业、不同出口目的地、不同要素密集度行业的出口产品质量具有显著异质性影响。④进口竞争会导致高生产率企业走"低质低价"的发展路线，低生产率企业走"高质高价"的发展路线。⑤高质量产品进口竞争对高生产率企业的出口产品质量的负面冲击影响较大，会促进低生产率企业提升出口产品质量，低质量产品进口竞争对不同生产率企业的出口产品质量均无显著影响。

本章的贡献是：首先，本章从企业出口产品质量视角，丰富了关于中国进口冲击风险方面的相关文献。不同于已有文献较多发现进口贸易对中国企业发展会产生积极影响，本章则得出了不同的结论，发现进口竞争总体上对中国企业出口产品质量提升具有显著负面影响，为进口冲击风险的相关研究提供了"中国故事"。其次，本章从进口产品的市场竞争效应、企业创新效应和知识产权保护的调节效应三个角度，较为系统地分析了进口竞争影响中国企业出口产品质量的理论机制，对已有相关理论进行了拓展。最后，本章的研究具有丰富的政策含义，加深了对企业防范进口冲击风险以及提升出口产品质量之间关系的理解，有利于为政府相关部门在制定政策时提供参考。

5.2　理论分析

5.2.1　进口产品的市场竞争效应

一般而言，出口企业可分为两类，一类是既内销又出口的企业，另一类则是纯出口的企业。对于既内销又出口的企业①而言，一方面，最终品进口竞

---

①　事实上，除了少部分纯加工贸易企业，其余出口企业中大部分企业生产的产品既会在国内市场销售，又会在国外市场销售。梅利茨（Melitz，2003）的研究表明，进入出口市场的企业往往首先是内销企业，即产品会在国内市场销售。因此，这些出口企业会受国内市场竞争程度的影响而调整出口产品质量。

争加剧，会直接影响其在国内市场的生产与市场份额，当企业在国内市场的业务受到影响时，企业可能会重新配置其生产资源，调整其生产的产品质量；另一方面，投入品进口竞争加剧，可能会影响国内投入品市场的投入品价格、质量与产品种类，进而影响企业的出口产品质量。对于纯出口企业而言，由于其生产的产品仅出售国外，因此，其出口产品质量主要受投入品进口竞争的直接影响。此外，由于最终品进口竞争加剧也会反向作用于投入品要素市场，因此，最终品进口竞争也会对纯出口企业的产品质量产生间接影响。总的来看，由进口扩张而引致的进口竞争对不同类型出口企业的产品质量均会产生影响。

具体来看，由进口扩张而产生的总体进口竞争效应可以区分为最终品进口竞争效应和投入品进口竞争效应。其中，由消费品进口扩张而引起的最终品市场竞争程度增加，可能会对国内企业的市场份额产生较大的负面影响（魏浩和连慧君，2020），甚至会使得一部分企业难以在国内市场生存，有可能导致一些企业为了谋求发展，将其生产的低质量产品转入出口市场，进而降低了出口产品的平均质量。此外，为了应对最终品进口冲击，出口企业也可能改变发展路线，通过降低产品质量，以低成本优势获取低价竞争优势，通过维持低盈利的发展模式，在国外市场上取得更多的市场份额。同时，由中间品和资本品进口扩张而引起的投入品进口竞争则有可能提升中国企业的出口产品质量。一方面，投入品进口竞争加剧可以使企业降低生产成本，有更充足的资金进行研发投资，通过创新促进企业出口产品质量提升；另一方面，投入品进口竞争增加，意味着大量投入品进入国内市场，出口企业可通过进口投入品的质量效应、产品种类效应和技术溢出效应促进企业生产的产品质量提升（许家云等，2017）。以上分析表明，最终品进口竞争增加可能会抑制中国企业的出口产品质量，而投入品进口竞争增加则有可能促进中国企业出口产品质量提升，因此，总体进口竞争对中国企业出口产品质量的影响取决于两种效应的相对大小。基于上述分析，本章提出：

假说 1 进口竞争对中国企业出口产品质量的影响取决于最终品进口竞争效应和投入品进口竞争效应的相对大小。若最终品进口竞争对产品质量的抑制效应大于投入品进口竞争对产品质量的促进效应，则进口竞争对中国企业出口产品质量影响的净效应显著为负。反之，进口竞争对中国企业出口产品质量的净效应显著为正。

5.2.2　企业创新效应

企业创新是进口竞争影响中国企业出口产品质量的一个重要机制。已有研究表明，进口竞争（或市场竞争）会通过企业创新进而影响企业出口质量（Amiti and Khandelwal，2013；Fernandes and Paunov，2013；张杰等，2015）。企业创新能力的高低与企业出口产品质量有着直接的关联。一方面，进口扩张会使国内市场流入大量蕴含国外先进技术的产品，企业若想通过技术溢出效应促进企业创新，就必须加大研发投入，提升吸收能力，进而通过创新促进企业出口产品质量提升。此外，由进口扩张而产生的竞争效应，也可能会倒逼企业为了应对进口冲击而增强研发强度。另一方面，当进口产品在国内市场获得的竞争优势更大的时候，国内企业生产的产品可能会丧失一部分竞争力。尤其是对于那些融资约束较高的企业而言，它们很难通过创新提升产品质量，故而企业可能会减少创新，通过降低产品质量，以低生产成本获得低价竞争优势，并维持低盈利模式，走薄利多销的发展路径。因此，进口竞争也可能通过抑制企业创新，进而降低企业出口产品质量。阿吉翁等（Aghion et al.，2005）认为，当创新收益大于创新成本时，竞争会促进企业创新；当创新收益小于创新成本时，竞争会抑制企业创新。基于上述分析，本章提出：

假说2　进口竞争会通过影响企业创新进而影响中国企业出口产品质量。

5.2.3　知识产权保护的调节效应

进口竞争对企业出口产品质量的影响可能受国内知识产权保护强度的影响。一方面，加强国内知识产权保护，可能会激发国内企业进行创新的动力，当进口竞争增加时，为了应对负面冲击，企业创新的动力可能会更大，从而有利于提高中国企业出口产品质量；另一方面，知识产权保护程度加强，可能会使得一些发达国家增加对中国的高技术产品出口（魏浩等，2016），从而会加强中国面临的进口竞争程度，进口竞争强度增加会进一步强化其对中国企业出口产品质量的影响。此外，较高的知识产权保护水平，也可能会导致中国企业引进吸收国外先进技术的难度和成本加大，从而不利于企业创新，进而可能会对企业出口产品质量升级产生负面影响。基于上述分析，本章提出：

假说 3 知识产权保护是进口竞争影响中国企业出口产品质量的重要调节机制。

5.3 模型设定与数据说明

5.3.1 模型设定

为了研究进口竞争对中国企业出口产品质量的影响，依据研究目标，本章构建了如下计量方程：

$$quality_{icft} = \beta_0 + \beta_1 imp_{jt} + \gamma X_{it} + \mu_i + \mu_{ct} + \mu_f + \mu_t + \varepsilon_{icft} \qquad (5-1)$$

其中，i 表示企业，c 表示出口目的地，f 表示 HS6 位码产品，j 表示 4 位码行业，t 表示时间，$quality_{icft}$ 表示出口产品质量，imp_{jt} 表示进口竞争，X_{it} 表示其他控制变量，μ_i 表示企业效应，μ_{ct} 表示目的地–时间效应，μ_f 表示产品效应，μ_t 表示时间效应，ε_{icft} 是误差项。

5.3.1.1 因变量

目前，关于测算出口产品质量的方法相对较多，魏浩和林薛栋（2017）通过对目前主要的几种出口产品质量测算方法进行比较，发现使用施炳展和邵文波（2014）的方法得出的结论更符合现实。因此，本章借鉴施炳展和邵文波（2014）的方法对产品层面的出口产品质量（$quality_{icft}$）进行测算。本章首先将出口目的地 c 国对 i 企业 f 产品的消费量表示为：

$$q_{ict} = p_{ict}^{-\sigma} \lambda_{ict}^{-\sigma} \frac{E_{ct}}{P_{ct}}, \quad \sigma > 1 \qquad (5-2)$$

上式反映了产品质量和需求量之间的关系，其中，q_{ict}，p_{ict} 和 λ_{ict} 分别表示第 t 年 i 企业向 c 国出口 f 产品的数量、价格和产品质量，E_{ct} 和 P_{ct} 分别表示第

t 年 c 国关于 f 产品的总消费支出和价格指数，$\sigma > 1$ 表示产品种类间的替代弹性。需要说明的是，由于本章测算的是产品层面的出口质量，因此借鉴施炳展和邵文波（2014）的做法，在具体的测算公式中没有体现产品角标 f。对上式两边进行取对数处理得：

$$\ln q_{ict} = X_{ct} - \sigma \ln p_{ict} + \varepsilon_{ict} \qquad (5-3)$$

其中，$X_{ct} = \ln E_{ct} - \ln P_{ct}$ 是进口国-时间层面的二维虚拟变量，用以控制仅随进口国变化、仅随时间变化以及同时随时间和进口国变化的变量（施炳展和邵文波，2014）。$\varepsilon_{ict} = (\sigma - 1) \ln \lambda_{ict}$ 是包含产品质量信息的残差项。如果直接对上式进行简单的 OLS 回归，可能存在如下问题：①出口产品价格和产品质量之间可能存在双向因果关系，从而导致回归模型产生内生性问题；②该方法仅考虑了产品质量和价格对产品需求的影响，但是忽略了产品种类对产品需求的影响。基于此，本章首先借鉴内沃（Nevo，2001）的做法，选择企业在其他市场出口产品的平均价格作为企业出口产品价格 p_{ict} 的工具变量；其次，借鉴坎德瓦尔（Khandelwal，2010）的做法，加入出口企业所在省份的国内生产总值（$\ln market_{mt}$）来控制企业生产的产品种类。最终，本章将测度出口产品质量的回归方程设定如下：

$$\ln q_{ict} = X_{ct} - \sigma \ln p_{ict} + \alpha \ln market_{mt} + \varepsilon_{ict} \qquad (5-4)$$

通过回归，可得出口产品质量（qua_{ict}）的具体表达公式：

$$qua_{ict} = \ln \hat{\lambda}_{ict} = \frac{\hat{\varepsilon}_{ict}}{\sigma - 1} = \frac{\ln q_{ict} - \ln \hat{q}_{ict}}{\sigma - 1} \qquad (5-5)$$

为了便于比较，对上式进行标准化处理，具体公式如下：

$$quality_{ict} = \frac{qua_{ict} - minqua_{ict}}{maxqua_{ict} - minqua_{ict}} \qquad (5-6)$$

其中，$minqua_{ict}$ 和 $maxqua_{ict}$ 分别表示产品质量的最小值和最大值；$quality_{ict}$ 不具备测度单位，指标值界于 [0，1] 之间。为了避免估计系数太小，本章对标准化后的产品质量指标值乘以 100，即实际指标值界于 [0，100] 之间。

5.3.1.2 核心解释变量

本章的核心解释变量是进口竞争，借鉴伯纳德等（Bernard et al.，2006）、

米昂和朱（Mion and Zhu，2013）、卡马尔和洛维（Kamal and Lovely，2017）
的做法，采用行业进口渗透率衡量进口竞争，具体的测算公式如下：

$$imp_{jt} = \frac{IM_{jt}}{Q_{jt} + IM_{jt} - EX_{jt}} \qquad (5-7)$$

其中，j 表示 4 位码国民经济行业；IM_{jt} 表示行业进口额；EX_{jt} 表示行业出
口额；Q_{jt} 表示行业生产总值。

5.3.1.3 控制变量

本章选取的企业层面的控制变量包括如下变量：①企业生产率（ln tfp_{it}），
采用 LP 方法进行测算；②企业无形资产（ln eff_{it}）；③政府补贴（ln $subsidy_{it}$），
即企业接受政府补贴的金额；④融资约束（ln $finance_{it}$），采用利息支出与企
业总资产之比衡量，该指标值越小，说明企业面临的融资约束越大；⑤企业
年龄（ln age_{it}），采用当年年份减去企业成立年份衡量；⑥企业规模（ln $size_{it}$），
采用企业年均从业人数衡量。

5.3.2 数据说明

本章使用的数据主要来源于中国工业企业数据库、中国海关贸易数据库、
UN Comtrade 数据库。对数据处理的具体说明如下：

5.3.2.1 对中国工业企业数据处理的说明

剔除了企业名称缺失、从业人数小于 8、成立时间无效、固定资产合计大
于资产总计、本年折旧大于累计折旧以及关键变量存在缺失的企业样本。

5.3.2.2 对核心指标测算过程的说明

首先，本章利用中国海关贸易数据库，测算了 HS6 位码层面的出口产品
质量。其次，本章结合中国工业企业数据库、UN Comtrade 数据库对行业进口
渗透率进行了测算。其中，行业生产总值来源于中国工业企业数据库，行业
进出口贸易总额来源于 UN Comtrade 数据库。在计算行业进口贸易总额时，本
章首先将各年 HS6 位码产品编码统一为 HS2002，然后利用勃兰特等（Brandt
et al.，2017）给出的对应表将 2002 年的 HS6 产品编码与国民经济行业 4 位码
进行对应，通过加总得到行业进出口额。在计算行业生产总值时，本章将工

业企业数据中企业总产值加总到 4 位码行业层面。本章仅保留了制造业行业的样本数据，共涉及 28 个 2 分位国民经济行业。此外，需要说明的是，由于国民经济行业分类在 2002 年前后发生了变动，因此本章依照 2002 年版《国民经济行业分类标准》对历年企业的行业代码进行了调整，统一了 4 位码行业类别口径。

5.3.2.3 数据匹配

本章利用年份和企业名称将中国工业企业数据库与中国海关数据库进行了匹配，最终获得 1 407 770 个观测值。样本为各年企业–出口目的地–产品层面的数据。此外，由于部分核心变量的数据可获得性受限，因此本章的研究样本期限主要为 2000—2006 年，出于稳健性考虑，本章在基准估计中也采用 2000—2013 年的相关数据进行检验。

5.4 实证结果及分析

5.4.1 基准估计

表 5-1 报告了进口竞争对中国制造业企业出口产品质量影响的基准估计结果，采用的估计方法是最小二乘虚拟变量法（LSDV 方法）。其中，第（1）列仅控制了进口竞争变量，并在计量模型中控制了企业效应和时间效应。估计结果显示，进口竞争显著抑制了中国企业出口产品质量提升。第（2）列是在第（1）列的基础上，进一步控制了产品效应和目的地–时间效应的估计结果，结果显示，进口竞争对中国企业出口产品质量的影响依然显著为负。第（3）列是采用 2000—2013 年的样本数据进行估计的结果，结果显示，进口竞争变量依然显著为负。第（4）列是在第（1）列的基础上，控制了企业层面控制变量的计量估计结果，从结果看，进口竞争变量显著为负。第（5）列是对本章设定的完整计量模型进行估计的结果，从结果看，进口竞争变量显著为负。此外，为了确保本章的估计结果具有较好的稳健性，本章在表 5-1

第 (6) 列将基准模型设定中的企业-目的国-产品层面的出口产品质量按照施炳展和邵文波 (2014) 的方法，将标准化后的产品层面的出口质量加权平均得到企业-产品层面的出口质量。从结果来看，进口竞争变量依然显著为负，进一步说明本章得出的结论具有较好的稳健性。以上分析表明，进口竞争总体上显著抑制了中国企业的出口产品质量提升。其可能的原因是，进口竞争可能会使得国内企业产生气馁效应，从而降低研发创新投入，抑制了中国企业出口产品质量提升。

表 5-1　基准估计结果

变量	(1)	(2)	(3)	(4)	(5)	(6)
imp	−0.006 8 *	−0.006 4 **	−0.009 0 *	−0.006 4 *	−0.005 2 **	−0.019 7 *
	(−1.90)	(−2.56)	(−1.85)	(−1.81)	(−2.05)	(−1.91)
ln *tfp*	—	—	—	−0.528 2 ***	−0.600 9 ***	−1.743 6 ***
				(−4.88)	(−4.52)	(−7.65)
ln *eff*	—	—	—	−0.005 6	−0.009 9	0.014 5
				(−0.75)	(−1.42)	(1.13)
ln *subsidy*	—	—	—	0.007 7	0.006 4	−0.074 1 ***
				(0.63)	(0.59)	(−3.68)
ln *finance*	—	—	—	1.754 3	2.208 1	2.834 1
				(0.91)	(1.21)	(0.64)
ln *age*	—	—	—	0.065 3	0.058 7	−0.722 3 ***
				(0.99)	(0.91)	(−5.07)
ln *size*	—	—	—	−0.233 8 ***	−0.187 2 **	−0.866 5 ***
				(−2.94)	(−2.44)	(−9.10)
时间效应	Yes	Yes	Yes	Yes	Yes	Yes
企业效应	Yes	Yes	Yes	Yes	Yes	Yes
产品效应	No	Yes	Yes	No	Yes	Yes
目的地-时间效应	No	Yes	Yes	No	Yes	No
cons	49.315 4 ***	49.315 2 ***	48.29 ***	55.600 2 ***	56.046 7 ***	35.349 5 ***
	(7 219.71)	(8 436.91)	(11 000)	(43.07)	(36.10)	(15.54)

续表

变量	（1）	（2）	（3）	（4）	（5）	（6）
样本量	1 407 037	1 407 008	4 864 964	1 407 037	1 407 008	2 498 95
R^2	0.171 9	0.248 7	0.297 2	0.173 1	0.248 8	0.639 8

注：***、**、*分别表示在1%、5%、10%的显著性水平下显著；括号内的数值为 t 统计量，回归结果皆使用聚类在行业层面的标准误；本章其他回归结果与此注释相同，故略去。

5.4.2　内生性处理

虽然行业层面的进口竞争与企业出口产品质量之间不太可能存在反向因果关系，但由于变量的测量误差以及遗漏变量等问题存在，仍有可能会导致估计结果因内生性问题产生偏误。为了解决潜在的内生性问题，本章借鉴胡梅尔斯等（Hummels et al.，2014）的思路，构建了全球供给因素（WES_{jt}）指标作为进口竞争的工具变量，该指标表示 j 行业产品在第 t 年面临的全球总供给能力，在全球贸易体系下，各个国家在某一行业面临的总供给能力是影响一国特定行业进口的重要因素。工具变量的测算公式如下：

$$WES_{jt} = \sum_c ES_{cjt} \qquad (5-8)$$

其中，ES_{cjt} 表示 c 国（除中国以外）j 行业产品在第 t 年对全球其他国家（扣除对中国的出口量）的出口总额，数据来源于 CEPII-BACI 世界双边贸易数据库。

表5-2第（1）（2）列是采用两阶段最小二乘法（2SLS）进行估计的回归结果。其中，第（1）列是内生性处理的第一阶段估计结果，从估计结果看，全球供给因素变量显著为正，说明全球供给能力增强确实会显著促进中国行业层面的进口竞争程度增强，且第一阶段估计的 F 值大于经验值10，初步说明本章选取的工具变量是有效的。第（2）列是内生性处理的第二阶段估计结果，从估计结果看，工具变量不可识别检验（Kleibergen-Paap rk LM）和弱工具变量检验（Kleibergen-Paap rk Wald F）的结果均说明本章选取的工具变量是有效的。而且，进口竞争变量的估计系数依然显著为负，说明处理内生性后基准估计结果依然是稳健的。

5.4.3 稳健性检验

5.4.3.1 采用滞后一期的进口竞争变量

由于进口竞争效应可能存在滞后影响，即上一期的进口竞争会对当期的出口产品质量产生影响，本章借鉴刘和罗塞尔（Liu and Rosell，2013）的做法，采用进口竞争的滞后一期作为核心解释变量。表5-2第（3）列报告了采用进口竞争变量滞后一期（imp_{jt-1}）作为核心解释变量的估计结果，结果显示，进口竞争变量滞后一期的系数显著为负，进一步说明本章得出的结论具有较好的稳健性。

5.4.3.2 替换被解释变量

考虑到部分文献采用出口产品价格作为出口产品质量的代理指标，因此本章在稳健性检验部分也采用企业出口产品价格作为被解释变量，重新对基准计量模型进行估计。出口产品价格采用企业出口产品的贸易额与企业出口产品数量的比值衡量。表5-2第（4）列是替换被解释变量重新进行估计的结果，从估计结果看，进口竞争变量显著为负，说明进口竞争降低了中国企业出口产品质量，进一步说明本章在基准估计得出的结论具有较好的稳健性。

5.4.3.3 改变研究样本

考虑到出口企业中部分企业为单一产品出口企业，另一部分企业为多产品出口企业，为了检验进口竞争对中国企业出口产品质量的影响是否受企业出口产品种类的影响，本章将出口企业划分为单一产品出口企业和多产品出口企业。其中，单一产品出口企业是指企业仅出口一种HS6位码产品，多产品出口企业是指企业出口的HS6位码产品大于等于2。表5-2第（5）（6）列的估计结果表明，无论是单一产品出口企业还是多产品出口企业，进口竞争对其出口的产品质量均具有显著抑制作用。此外，为了排除部分企业仅仅是临时出口的影响，即企业仅在某一年份有出口行为，在其余年份均不再出口，本章针对企业出口时间大于等于2年的样本再次进行了回归分析。表5-2第（7）列的估计结果表明，在排除部分只出口一年的企业样本后，本章的研究结论依然成立。

表 5-2 内生性处理与稳健性检验

变量	内生性处理		稳健性检验				
	第一阶段	第二阶段	进口竞争滞后一期	替换被解释变量	单一产品出口企业	多产品出口企业	出口时间大于等于2年
	(1)	(2)	(3)	(4)	(5)	(6)	(7)
imp	—	-0.131 1*	-0.007 3**	-0.000 6**	-0.011 4**	-0.012 8***	-0.004 7*
		(-1.68)	(-2.01)	(-2.13)	(-2.05)	(-3.99)	(-1.83)
WES	0.000 7***	—	—	—	—	—	—
	(59.87)						
$\ln tfp$	0.060 2***	-0.569 5***	-0.614 0***	0.191 0***	-0.415 2**	-0.666 5***	-0.600 2***
	(6.84)	(-11.18)	(-4.29)	(58.17)	(-2.19)	(-4.57)	(-4.55)
$\ln eff$	0.008 6***	0.000 0	-0.019 9	0.009 3***	0.015 8	-0.011 1	-0.010 3
	(7.64)	(0.01)	(-1.38)	(16.78)	(0.86)	(-1.40)	(-1.48)
$\ln subsidy$	0.010 5***	0.006 9	0.010 2	0.002 4***	-0.069 4**	0.016 4	0.007 3
	(7.27)	(0.75)	(0.58)	(3.26)	(-2.32)	(1.49)	(0.67)
$\ln finance$	-1.164 4***	1.662 9	4.204 7	-1.762 6***	0.332 0	1.826 2	2.236 2
	(-6.00)	(0.96)	(1.11)	(-16.21)	(0.09)	(0.97)	(1.23)
$\ln age$	-0.047 4***	0.078 2	0.203 1	0.013 2***	0.143 8	0.022 0	0.053 1
	(-3.65)	(1.08)	(1.32)	(5.34)	(0.78)	(0.32)	(0.83)
$\ln size$	0.055 7***	-0.234 1***	-0.258 0**	-0.081 1***	-0.209 7	-0.190 3**	-0.186 4**
	(6.64)	(-4.25)	(-2.18)	(-26.13)	(-1.28)	(-2.14)	(-2.44)
时间效应	Yes	Yes	Yes	Yes	Yes	Yes	Yes
企业效应	Yes	Yes	Yes	Yes	Yes	Yes	Yes
产品效应	Yes	Yes	Yes	Yes	Yes	Yes	Yes
目的地-时间效应	Yes	Yes	Yes	Yes	Yes	Yes	Yes
$cons$	—	—	54.554 4***	0.199 0***	53.612 9***	56.887 5***	56.039 7***
			(33.19)	(7.76)	(30.36)	(32.19)	(36.26)
第一阶段 F 值	3583.82 [0.000 0]	—	—	—	—	—	—
Kleibergen-Paap rk LM	—	3 148.328 [0.000 0]	—	—	—	—	—

变量	内生性处理		稳健性检验				
	第一阶段	第二阶段	进口竞争 滞后一期	替换被 解释变量	单一产品 出口企业	多产品 出口企业	出口时间大 于等于 2 年
	（1）	（2）	（3）	（4）	（5）	（6）	（7）
Kleibergen- Paap rk Wald F	—	3 583. 822 [0. 000 0]	—	—	—	—	—
样本量	1 404 568	1 404 568	388 959	1 407 037	197 002	1 209 683	1 203 477
R^2	—	0. 000 1	0. 394 4	0. 866 9	0. 447 3	0. 222 5	0. 242 9

注：方括号中的数值为相应检验统计量的 p 值。

5.5 影响机制检验

5.5.1 进口产品的市场竞争效应检验

结合理论分析，由基准估计结果可以推测出进口竞争抑制中国企业出口产品质量提升的原因可能是：最终品进口竞争的抑制效应大于投入品进口竞争的促进效应。为了检验这一理论假设是否成立，本章依据广义经济分类标准（BEC），将进口产品划分为消费品、中间品和资本品，其中，本章将消费品定义为最终品，中间品和资本品定义为投入品。借鉴前文行业进口渗透率的测算方法，本章分别计算了最终品进口竞争（ imp_final_{jt} ）和投入品进口竞争（ imp_input_{jt} ）指标[①]。

表 5-3 是进口产品市场竞争效应检验的计量估计结果。其中，第（1）列的估计结果表明，最终品进口竞争显著抑制了企业出口产品质量。其可能原因是，最终产品进口直接参与到国内市场的竞争，当国内企业生产的产品不具备比较优势时，企业可能会产生气馁效应（Amiti and Khandelwal，2013），即消极应对进口竞争，从而抑制了企业创新，进而降低了中国企业的出口产

---

① 测算公式详见第 4 章。

品质量。

第（2）列是投入品进口竞争效应检验的估计结果，从结果看，投入品进口竞争显著促进了中国企业出口产品质量提升。可能的原因是，投入品进口竞争加剧，使得企业能够接触到更多种类的国外高技术含量中间投入品，从而使得企业的平均出口产品质量得到了提升。

为了避免遗漏变量问题，本章在表5-3第（3）列同时控制了最终品进口竞争和投入品进口竞争，从估计结果看，本章得出的结论依然是稳健的。此外，值得关注的是，第（3）列的估计结果表明，最终品进口竞争效应大于投入品进口竞争效应。因此，总体看，进口竞争对企业出口产品质量影响的净效应表现为显著抑制作用，以上分析论证了本章假说1成立。

表5-3 进口产品市场竞争效应的估计结果

变量	（1）	（2）	（3）
imp_final	-0.166 6* (-1.74)	—	-0.169 0* (-1.77)
imp_input	—	0.065 0*** (4.13)	0.065 8*** (2.73)
$\ln tfp$	-0.343 4*** (-10.66)	-0.343 2** (-2.33)	-0.343 0*** (-10.65)
$\ln eff$	0.020 4*** (3.80)	0.020 3 (1.44)	0.020 3*** (3.79)
$\ln subsidy$	0.013 1* (1.66)	0.013 2 (0.59)	0.013 1* (1.66)
$\ln finance$	-5.508 9*** (-4.13)	-5.500 9 (-1.19)	-5.500 6*** (-4.13)
$\ln age$	0.075 1** (2.31)	0.074 3 (0.86)	0.074 5** (2.29)
$\ln size$	-0.264 5*** (-7.62)	-0.264 0** (-2.54)	-0.264 2*** (-7.61)
时间效应	Yes	Yes	Yes
企业效应	Yes	Yes	Yes

变量	（1）	（2）	（3）
产品效应	Yes	Yes	Yes
目的地-时间效应	Yes	Yes	Yes
cons	53.956 7 ***	53.947 0 ***	53.948 8 ***
	（227.30）	（58.78）	（227.20）
样本量	1 407 741	1 407 741	1 407 741
R^2	0.031 5	0.031 5	0.031 5

5.5.2 企业创新效应检验

为了检验企业创新效应是否存在，本章借鉴温忠麟和叶宝娟（2014）的方法，采用中介效应模型对此进行检验。企业创新效应的中介效应模型检验的步骤依次按照式（5-9）至（5-11）进行。

$$quality_{icft} = \alpha_0 + \alpha_1 imp_{jt} + \gamma X_{it} + \mu_i + \mu_{ct} + \mu_f + \mu_t + \varepsilon_{icft} \quad (5-9)$$

$$research_{it} = b_0 + b_1 imp_{jt} + \gamma X_{it} + \mu_i + \mu_{ct} + \mu_f + \mu_t + \varepsilon_{icft} \quad (5-10)$$

$$quality_{icft} = c_0 + c_1 imp_{jt} + c_1 research_{it} + \gamma X_{it} + \mu_i + \mu_{ct} + \mu_f + \mu_t + \varepsilon_{icft}$$

$$(5-11)$$

其中，式（5-9）检验的是进口竞争对企业出口产品质量的影响；式（5-10）检验的是进口竞争对中介变量（企业创新）的影响，企业创新指标采用企业的研发强度（ $research_{it}$ ）衡量，即企业研发支出与企业销售额的比值；式（5-11）检验的是进口竞争、企业创新对企业出口产品质量的影响。受企业研发支出数据的可获得性限制，此部分本章仅使用了2004—2006年的样本数据进行研究。

表5-4是企业创新效应检验的计量估计结果。其中，第（1）列的结果显示，在改变样本研究期限后，进口竞争依然显著抑制了中国企业出口产品质量提升，与本章的基准估计结果一致。第（2）列的结果显示，进口竞争对企业的研发强度的影响显著为负，说明进口竞争不利于中国企业创新。第（3）列的结果显示，企业研发强度降低会显著抑制企业出口产品质量提升。根据温忠麟和叶宝娟（2014）的方法可知，本章需要关注的核心变量的回归系数

均是显著的，说明企业创新的中介效应在本章是成立的，即进口竞争通过降低企业创新进而抑制了中国企业出口产品质量提升。其中可能的原因是，一方面，进口竞争会使得部分融资约束较高的企业，难以通过创新提升产品质量，反而会由于融资约束较高而抑制企业创新；另一方面，进口竞争也可能会使得企业产生气馁效应（Amiti and Khandelwal，2013），即放弃创新，通过降低产品质量，以低成本竞争优势，走薄利多销的发展路线。此外，为了进一步确保企业创新的中介效应成立，本章同时进行了 Sobel 检验（Sobel，1987）和 Freedman 检验（Freedman et al.，1992），检验结果均表明，企业创新在进口竞争对企业出口产品质量的影响中发挥了中介效应，以上分析论证了本章假说 2 成立。

表5-4 企业创新效应的估计结果

变量	(1) 出口产品质量	(2) 研发强度	(3) 出口产品质量
imp	−0.007 8**	−3.113 9***	−0.007 3**
	(−2.47)	(−4.20)	(−2.35)
$research$	—	—	1.308 4**
			(2.08)
$\ln tfp$	−0.568 1***	0.007 1***	−0.577 3***
	(−3.43)	(4.20)	(−3.47)
$\ln eff$	−0.003 3	0.000 1	−0.003 5
	(−0.29)	(0.73)	(−0.31)
$\ln subsidy$	−0.010 0	0.000 2	−0.010 0
	(−0.75)	(0.87)	(−0.75)
$\ln finance$	2.447 4	0.002 9	2.423 4
	(1.23)	(0.15)	(1.21)
$\ln age$	−0.201 2	0.001 7	−0.195 4
	(−1.50)	(1.01)	(−1.46)
$\ln size$	−0.103 4	−0.003 6	−0.099 4
	(−0.86)	(−1.42)	(−0.83)
时间效应	Yes	Yes	Yes

变量	(1)	(2)	(3)
	出口产品质量	研发强度	出口产品质量
企业效应	Yes	Yes	Yes
产品效应	Yes	No	Yes
目的地-时间效应	Yes	No	Yes
cons	55.885 9 ***	-0.043 7 **	55.932 2 ***
	(26.87)	(-2.18)	(26.78)
样本量	1 043 594	42 619	1 043 594
R^2	0.256 8	0.424 2	0.256 8

5.5.3　知识产权保护调节效应检验

由理论分析可知，知识产权保护可能是进口竞争影响中国企业出口产品质量的重要调节机制。为了检验这一问题，本章在基准模型的基础上，加入地区知识产权保护制度变量（IPR_{mt}）（樊纲等，2010）以及进口竞争与地区知识产权保护制度的交互项（$imp_{jt} \times IPR_{mt}$）。

表5-5是知识产权保护的调节效应检验的计量估计结果。其中，第（1）列是未加入任何控制变量情况下的估计结果，结果初步显示，进口竞争与地区知识产权保护制度的交互项显著为负，进口竞争系数显著为正。第（2）列是在第（1）列的基础上进一步加入控制变量的估计结果，结果显示仍具有较好的稳健性。以上分析表明，当地区知识产权保护力度较低时，进口竞争有利于提升企业出口产品质量，当地区知识产权保护制度超过一定范围并逐渐增强时，进口竞争对企业出口产品质量的影响将由促进作用转变为显著的抑制作用，并随之增强。换言之，相对较高的知识产权保护，会使得进口竞争对企业出口产品质量的抑制作用增强。其原因可能是，当进口竞争程度增加时，相对较高的知识产权保护增加了企业吸收国外先进技术的难度和成本，从而不利于企业创新，进而对企业出口产品质量升级产生负面影响，以上分析论证了本章假说3成立。

表 5-5　知识产权保护调节效应的估计结果

变量	(1)	(2)
imp	0.030 3 ***	0.029 3 ***
	(5.41)	(5.54)
imp×IPR	−0.002 1 ***	−0.002 0 ***
	(−6.82)	(−7.18)
IPR	0.014 8	0.012 4
	(1.20)	(1.04)
ln *tfp*	—	−0.597 7 ***
		(−4.51)
ln *eff*	—	−0.009 9
		(−1.42)
ln *subsidy*	—	0.007 3
		(0.66)
ln *finance*	—	2.210 8
		(1.21)
ln *age*	—	0.055 7
		(0.87)
ln *size*	—	−0.187 8 **
		(−2.44)
时间效应	Yes	Yes
企业效应	Yes	Yes
产品效应	Yes	Yes
目的地-时间效应	Yes	Yes
cons	49.112 3 ***	55.854 8 ***
	(291.69)	(37.01)
样本量	1 407 008	1 407 008
R^2	0.248 7	0.248 8

5.6 异质性分析

5.6.1 企业生产率视角

前文的分析表明，进口竞争显著抑制了中国企业的出口产品质量提升，但这一结论忽略了不同生产率企业面临进口竞争时可能对出口产品质量做出的不同反应。基于此，本章在计量模型中，加入了进口竞争与企业生产率的交互项（$imp_{jt} \times \ln tfp_{it}$）。

表 5-6 第（1）列估计了进口竞争对生产率异质性企业出口产品质量的影响。从估计结果看，交互项系数显著为负，而进口竞争系数显著为正，说明当企业生产率相对较低时，进口竞争对企业出口产品质量具有显著的促进作用，但是，随着企业生产率的提高，这种促进作用会逐渐减弱；当企业生产率相对较高时，进口竞争对企业出口产品质量的影响将由正向的促进作用逐渐转变为显著的抑制作用，并且这种抑制作用会随着企业生产率的提高而逐渐加强。换言之，进口竞争显著促进了低生产率企业出口产品质量提升，而显著抑制了高生产率企业出口产品质量提升[①]。

表 5-6 基于不同视角的异质性分析估计结果

变量	（1）企业生产率	（2）企业所有制	（3）出口目的地经济发展水平
imp	0.007 9 *** (5.40)	0.002 3 (0.60)	-0.009 1 *** (-2.92)
$imp \times \ln tfp$	-0.001 9 *** (-4.37)	—	—

[①] 由表 6 第（1）列的估计系数可知，企业生产率的临界值为 4.16，而本章的企业生产率样本中位数为 9.46，位于临界值的右侧，说明在本章的样本中，有超过一半以上的企业在面临进口竞争时会显著降低出口产品质量。

续表

变量	（1）企业生产率	（2）企业所有制	（3）出口目的地经济发展水平
$imp \times ownership$	—	-0.017 5 *** (-2.67)	—
$imp \times hwc$	—	—	0.006 2 ** (2.09)
$ownership$	—	-0.189 1 (-0.86)	—
$\ln tfp$	-0.459 1 *** (-14.91)	-0.599 2 *** (-4.51)	-0.600 9 *** (-4.52)
$\ln eff$	0.012 5 ** (2.28)	-0.009 9 (-1.41)	-0.009 9 (-1.42)
$\ln subsidy$	0.002 8 (0.38)	0.006 2 (0.57)	0.006 4 (0.59)
$\ln finance$	-7.869 8 *** (-6.30)	2.187 0 (1.21)	2.210 8 (1.21)
$\ln age$	0.226 3 *** (8.37)	0.056 5 (0.88)	0.058 6 (0.91)
$\ln size$	-0.140 7 *** (-4.25)	-0.188 6 ** (-2.46)	-0.187 3 ** (-2.44)
时间效应	Yes	Yes	Yes
企业效应	Yes	Yes	Yes
产品效应	Yes	Yes	Yes
目的地-时间效应	Yes	Yes	Yes
$cons$	56.038 9 *** (36.08)	56.111 8 *** (35.99)	56.048 2 *** (36.10)
样本量	1 407 008	1 407 008	1 407 008
R^2	0.248 8	0.248 8	0.248 8

其可能的原因是，低生产率企业的竞争能力相对较弱，进口竞争可能使其面临退出市场的风险更大（Melitz，2003），为了赢得生存的机会，低生产率企业有更大的动力通过使用高质量的中间投入品以及加大创新投入从而提升企业出口产品质量，获取竞争优势。对于高生产率企业而言，面对进口冲击，其自身退出市场的风险并不大，因此可能采取消极的应对策略，通过减少创新投入降低生产成本，从而在出口市场获得低价竞争优势，以低盈利模式走薄利多销的发展路线。

5.6.2　企业所有制视角

进口竞争对不同所有制企业的出口产品质量的影响可能存在差异。基于此，本章在计量模型中加入了进口竞争与企业所有制虚拟变量（$ownership_{it}$）的交互项（$imp_{jt} \times ownership_{it}$），其中，若出口企业为内资企业，则 $ownership_{it}$ 取值为 1，反之，则取值为 0。

表 5-6 第（2）列是基于企业所有制异质性分析的计量估计结果，结果显示，进口竞争与企业所有制虚拟变量的交互项显著为负，进口竞争指标为正，但未通过显著性检验。这说明进口竞争会显著抑制内资企业提升出口产品质量，但对外资企业的出口产品质量无显著影响。其可能的原因是，对于外资企业而言，其在中国投资的主要目的是利用中国的廉价劳动力，其研发和生产处于相对分离的状态，因此外资企业对进口竞争的敏感程度较弱，造成进口竞争对其出口产品质量无显著影响。相对而言，内资企业受进口竞争的影响则较大，当进口竞争削弱内资企业的竞争优势时，可能会使得内资企业放弃创新，降低产品质量，以低价低利润的发展模式在国际市场上获取竞争力。

5.6.3　出口目的地经济发展水平视角

进口竞争对中国企业出口产品质量的影响可能受出口目的地经济发展水平不同而产生异质性效应。基于此，本章在基准计量模型中加入了进口竞争与出口目的地经济发展水平虚拟变量（hwc_{ct}）的交互项（$imp_{jt} \times hwc_{ct}$），其中，若出口目的地为高收入国家，则 hwc_{ct} 取值为 1，反之，则取值为 0。

表 5-6 第（3）列是基于出口目的地经济发展水平异质性分析的计量估计

结果，从结果看，进口竞争与出口目的地经济发展水平虚拟变量的交互项显著为正，进口竞争变量显著为负。这说明进口竞争对中国向中低收入国家出口的产品质量的抑制作用明显高于对高收入国家出口的产品质量。其可能的原因是，相对而言，低价竞争优势在中低收入国家更为突出，当进口竞争对国内市场造成较大负面冲击时，向中低收入国家出口产品的企业更有可能降低研发投入，以低价获取竞争优势。

5.6.4　要素密集度视角

考虑到进口竞争对中国企业出口产品质量的影响可能受行业要素密集度的不同而产生异质性效应，基于此，本章将 28 个制造业行业划分为劳动密集型、资本密集型、技术密集型行业①。表 5-7 的计量估计结果表明，进口竞争并没有对劳动密集型、资本密集型行业的企业出口产品质量产生显著影响，但是，进口竞争对技术密集型企业出口产品质量具有显著的抑制作用。可能的原因是，对于技术密集型行业而言，中国还不具备比较优势，因此进口竞争增加可能使得国内企业通过创新提升产品质量获取竞争优势的动力减少，从而使得技术密集型企业更偏向于降低产品质量与价格，走薄利多销的发展路线。

表 5-7　基于要素密集度视角的异质性分析估计结果

变量	(1)	(2)	(3)
	劳动密集型行业	资本密集型行业	技术密集型行业
imp	0.054 9	0.030 4	−0.009 3***
	(1.45)	(0.32)	(−2.83)

① 其中，劳动密集型行业包括农副食品加工业（13）、食品制造业（14）、饮料制造业（15）、纺织业（17）、纺织服装鞋帽制造业（18）、皮革皮毛羽毛及其制品业（19）、木材加工及木竹藤棕草制品业（20）；资本密集型行业包括家具制造业（21）、造纸及纸制品业（22）、印刷业和记录媒介的复制（23）、文教体育用品制造业（24）、石油加工冶炼及核燃料加工业（25）、橡胶制品业（29）、塑料制品业（30）、非金属矿物制品业（31）、黑色金属冶炼及压延加工业（32）、有色金属冶炼及压延加工业（33）、金属制品业（34）；技术密集型行业包括化学原料及化学制品制造业（26）、医药制造业（27）、化学纤维制造业（28）、通用设备制造业（35）、专用设备制造业（36）、交通运输设备制造业（37）、电器机械及器材制造业（39）、通信设备计算机及其他电子设备制造业（40）、仪器仪表及文化办公用机械制造业（41）、工艺品及其他制造业（42）。

变量	（1）	（2）	（3）
	劳动密集型行业	资本密集型行业	技术密集型行业
ln tfp	−0.952 9 ***	−0.615 7 ***	−0.379 6 **
	（−5.40）	（−3.78）	（−2.50）
ln eff	−0.012 3	−0.030 2 **	0.001 7
	（−1.26）	（−2.37）	（0.14）
ln $subsidy$	−0.012 9	0.023 2	0.013 3
	（−0.55）	（1.29）	（0.82）
ln $finance$	−0.367 3	3.420 2	4.879 3
	（−0.29）	（0.91）	（1.54）
ln age	−0.056 6	0.258 2 *	0.156 1
	（−0.56）	（1.67）	（1.58）
ln $size$	−0.371 3 ***	−0.191 0	−0.046 9
	（−4.07）	（−1.49）	（−0.47）
时间效应	Yes	Yes	Yes
企业效应	Yes	Yes	Yes
产品效应	Yes	Yes	Yes
目的地-时间效应	Yes	Yes	Yes
$cons$	59.015 5 ***	56.025 0 ***	53.904 3 ***
	（30.34）	（35.23）	（38.49）
样本量	424 941	410 441	571 416
R^2	0.242 4	0.267 6	0.253 3

5.7 进一步扩展分析

5.7.1 进口竞争、生产率与企业出口产品质量

通过前文的分析，本章得出的一个基本结论是，进口竞争对高生产率企

业的出口产品质量具有显著的抑制作用，对低生产率企业的出口产品质量具有显著的促进作用。为了进一步深入分析进口竞争对生产率异质性企业的影响，本章在此部分针对这一问题进行探索性分析。

企业通常以实现利润最大化为经营目标，斯蒂格利茨（Stiglitz，1987）认为，企业会基于利润最大化原则选择所生产的产品质量。因此，当进口产品对国内企业产生竞争冲击时，不同生产率的出口企业可能通过调整产品质量保持企业利润最大化。通常而言，企业可能会有两种发展路径：一条路径是，企业通过创新发展走"高质高价"的发展路线，即通过创新提高企业出口产品质量和出口产品价格，以质取胜获取新的竞争优势；另一条路径是，企业放弃创新，走"低质低价"的发展路线，即以生产低质量产品为提前，降低产品价格，以低价获取竞争优势，进而促进企业销售规模扩大，实现利润最大化。

基于此，本章首先检验了进口竞争对不同生产率企业利润率的影响，其中，企业利润率指标采用企业营业利润与企业产品销售额的比值衡量。表5-8 第（1）列是进口竞争对不同生产率企业利润率影响的估计结果，从估计结果看，进口竞争与企业生产率的交互项显著为负，进口竞争的系数显著为正，说明进口竞争对高生产率企业的利润率具有显著的抑制作用，对低生产率企业的利润率具有显著的促进作用。结合上文的研究，本章发现，进口竞争对高生产率企业的出口产品质量具有显著的抑制作用，同时对其利润率也产生了负面影响；进口竞争对低生产率企业的出口产品质量具有显著的促进作用，并且，进口竞争促进了低生产率企业的利润率提升。这说明，进口竞争对高生产率企业产生了较为明显的负面影响，对低生产率企业却产生了有益的积极影响。

表5-8 进口竞争、生产率与企业出口产品质量的估计结果

变量	（1） 利润率	（2） 企业产品 销售规模	（3） 出口产品 价格	（4） 出口产品 规模	（5） 企业研发 投入	（6） 就业结构
imp	0.004 2***	−0.010 3***	0.001 1***	−0.001 5***	0.054 9*	0.000 3
	(4.15)	(−2.84)	(5.89)	(−4.70)	(1.66)	(0.01)

变量	（1）利润率	（2）企业产品销售规模	（3）出口产品价格	（4）出口产品规模	（5）企业研发投入	（6）就业结构
$imp×\ln tfp$	−0.000 4 ***	0.001 2 ***	−0.000 2 ***	0.000 5 ***	−0.006 7 *	−0.000 1
	（−4.34）	（3.03）	（−4.69）	（3.22）	（−1.96）	（−0.04）
$\ln tfp$	0.054 0 ***	0.857 3 ***	0.030 8 ***	0.203 6 ***	0.456 7 ***	0.034 4 ***
	（13.73）	（60.92）	（4.11）	（15.03）	（6.33）	（14.46）
$\ln eff$	−0.000 2	0.003 8 ***	0.000 3	0.002 6 **	0.030 1 ***	0.002 8 ***
	（−0.75）	（6.99）	（0.36）	（1.98）	（2.63）	（10.41）
$\ln subsidy$	0.000 9 **	0.003 0 ***	−0.001 3	0.003 2 *	0.071 6 ***	0.001 3 **
	（2.44）	（5.08）	（−1.31）	（1.92）	（4.51）	（2.39）
$\ln finance$	−0.293 9 ***	0.090 6	0.041 2	−0.009 1	1.979 8	−0.404 4 ***
	（−3.74）	（0.79）	（0.27）	（−0.04）	（1.45）	（−5.83）
$\ln age$	0.006 2 *	0.033 7 ***	−0.007 2	0.005 7	0.085 7	0.000 7
	（1.77）	（4.63）	（−1.06）	（0.41）	（0.85）	（0.64）
$\ln size$	0.000 6	0.152 9 ***	0.000 2	0.051 0 ***	0.003 6	−0.035 8 ***
	（0.19）	（22.63）	（0.02）	（4.81）	（0.06）	（−17.65）
时间效应	Yes	Yes	Yes	Yes	Yes	No
企业效应	Yes	Yes	Yes	Yes	Yes	No
产品效应	No	No	Yes	Yes	No	No
目的地－时间效应	No	No	Yes	Yes	No	No
$cons$	−0.484 5 ***	1.959 4 ***	1.315 1 ***	7.733 6 ***	−3.166 0 ***	−0.074 7 ***
	（−14.74）	（19.26）	（21.08）	（54.05）	（−4.24）	（−5.89）
样本量	64 335	64 457	1 407 008	1 407 008	42 615	17 523
R^2	0.399 2	0.981 7	0.867 4	0.327 2	0.656 3	0.150 2

为了进一步探究不同生产率企业应对进口竞争的策略，本章对不同生产率企业的发展路线进行了研究。如前文所述，当企业面临进口竞争时，要么积极应对，走"高质高价"的发展路线，要么消极应对，走"低质低价"的

发展路线。为了检验这一问题，本章首先考察了进口竞争对生产率异质性企业产品销售规模的影响，在此基础上，进一步考察进口竞争对生产率异质性企业出口产品规模和出口产品价格的影响。其中，本章对企业出口产品价格和出口产品规模进行了取对数处理，出口产品价格采用企业出口产品的贸易额与企业出口产品的数量的比值衡量。表5-8第（2）列是进口竞争对生产率异质性企业产品销售规模影响的估计结果，结果表明，进口竞争对高生产率企业的产品销售规模具有显著的促进作用，对低生产率企业的产品销售规模具有显著的抑制作用。第（3）列是进口竞争对生产率异质性企业出口产品价格影响的估计结果，结果表明，进口竞争对高生产率企业的出口产品价格具有显著的抑制作用，对低生产率企业的出口产品价格具有显著的促进作用。第（4）列是进口竞争对生产率异质性企业出口产品规模的估计结果，结果表明，进口竞争对高生产率企业的出口产品规模具有显著的促进作用，对低生产率企业的出口产品规模具有显著的抑制作用。

以上分析表明，进口竞争使得高生产率企业选择降低产品质量和产品价格，以低价获取竞争优势从而获得更大的销售规模进而应对进口竞争。而对于低生产率企业而言，进口竞争导致低生产率企业选择提高产品质量和产品价格，以高质量获取竞争优势，从而促进企业实现利润最大化，促进企业提升利润率。

为了更深入地探究进口竞争对生产率异质性企业出口产品质量产生差异化影响的传导路径，本章进一步探究了进口竞争对生产率异质性企业创新投入的影响，企业创新投入的多少反映了企业创新能力的高低，而企业创新能力的高低与企业出口产品质量有着直接的关联。阿吉翁等（Aghion et al.，2005）的研究表明，当创新收益大于创新成本时，竞争会促进企业创新，当创新收益小于创新成本，竞争会抑制企业创新。本章采用企业研发强度以及与研发投入配套的技术人才投入（就业结构）衡量企业的创新投入，受数据限制，本章仅使用2004—2006年的企业研发数据；就业结构采用获得本科学历以上的人数占全部就业人数的比值衡量，受数据限制，就业结构仅采用2004年的企业数据。表5-8第（5）列的估计结果表明，进口竞争对高生产率企业的研发投入具有显著的抑制作用，对低生产率企业的研发投入具有显著的促进作用；第（6）列的估计结果表明，进口竞争对高生产率企业就业结构的影响为负、不显著，对低生产率企业就业结构的影响为正、不显著。以上分析表明，面对进口竞争，低生产率企业投入了更多的创新资源，从而有利于低生产率企业提升出口产品质量，而高生产率企业则减少了创新投入，从而不利于高生产率企业提升出口产品质量。

综合本章的实证结果，进口竞争对高生产率企业产生了较为明显的负面影响，面对进口竞争，高生产率企业降低了创新投入，并且高生产率企业选择了"低质低价"的发展路线，通过以低价获取竞争优势从而促进企业销售规模增长，应对进口竞争。进口竞争对低生产率企业产生了较为明显的积极影响，面对进口竞争，低生产率企业增加了创新投入，并且低生产率企业选择了"高质高价"的发展路线，通过提高产品质量获取竞争优势，从而提高企业利润率，实现利益最大化。需要强调的是，本章的研究结论发现，进口竞争在一定程度上会促使高生产率企业走"低质低价"的发展路线，低生产率企业走"高质高价"的发展路线。但是，这并不意味着高生产率企业的出口产品质量低于低生产率企业的出口产品质量，这是一个相对自身情况比较的概念，即高生产率企业相较于其之前出口的产品质量有所降低，而低生产率企业相较于其之前出口的产品质量有所提高。

5.7.2　高质量产品进口竞争、生产率与企业出口产品质量

在前文的分析中，本章采用的进口竞争指标是基于行业总体的进口贸易额进行测算的，该指标并不能体现进口产品质量的异质性。事实上，在一个行业内部，进口产品的质量会存在较大的差异，因此，进口高质量产品形成的竞争效应与进口低质量产品形成的竞争效应对企业的影响可能会存在异质性。理论上，高质量进口产品可能与高生产率企业生产的产品之间存在激烈的竞争，而低质量进口产品更可能与低生产率企业生产的产品产生竞争关系。因此，有必要进一步考察不同质量的进口产品构成的进口竞争对生产率异质性企业出口产品质量的影响。由于进口竞争是行业层面的概念，因此，对于任何一个企业而言，其既会面临高质量产品进口竞争，又会面临低质量产品进口竞争。

基于此，本章基准模型中构建的进口竞争指标进行分解，测算高质量产品进口竞争（imp_high_{jt}）和低质量产品进口竞争（imp_low_{jt}）。具体做法是：首先，本章借鉴施炳展和曾祥菲（2015）的方法，对进口产品质量进行测算，并进行标准化处理，以便于不同产品之间的进口质量具有可比性；其次，将进口产品质量大于行业内进口产品质量中位数的产品记为高质量进口产品，反之，记为低质量进口产品；最后，基于进口渗透率指标的测算方法分别测算行业层面的高质量产品进口竞争指标和低质量产品进口竞争指标。

表5-9第（1）至（3）列是不同质量产品的进口竞争对生产率异质性企业出口产品质量影响的估计结果。其中，第（1）列是高质量产品进口竞争对生产率异质性企业出口产品质量影响的计量估计结果，从估计结果看，高质量产品进口竞争指标系数显著为正，高质量产品进口竞争与企业生产率的交互项系数显著为负，说明高质量产品进口竞争对高生产率企业出口产品质量具有显著的抑制作用，对低生产率企业出口产品质量具有显著的促进作用，表明高生产率企业的出口产品质量受高质量产品进口竞争的负面影响较大。可能的原因是，对于低生产率企业而言，高质量产品进口与其自身所生产的产品质量差距较大，形成的竞争效应较小，但是高质量的进口投入品与高质量产品进口的技术溢出却有助于低生产率企业提升产品质量。对于高生产率企业而言，高质量的进口产品与其自身所生产的产品质量差距较小，形成了激烈的竞争。由于高生产率企业退出市场的风险较小，且研发创新具有投入大、周期长、知识产权限制等特点，为了在短期内获得竞争优势，高生产率企业可能会选择走"低质低价"的发展路线，即通过降低产品质量的方式降低产品价格，以低价获得竞争优势，从而扩大产品销售规模，应对进口冲击。

表5-9　高质量产品进口竞争、生产率与企业出口产品质量的估计结果

变量	（1）	（2）	（3）
imp_high	0.003 7**	—	0.003 9**
	(2.39)		(2.49)
$imp\_high \times \ln tfp$	−0.000 4**	—	−0.000 4**
	(−2.31)		(−2.40)

续表

变量	（1）	（2）	（3）
imp_low	—	−0.001 7	−0.003 6
		(−0.29)	(−0.59)
imp_low×ln*tfp*	—	0.000 1	0.000 3
		(0.17)	(0.47)
ln *tfp*	−0.466 2 ***	−0.460 4 ***	−0.460 4 ***
	(−15.10)	(−14.77)	(−14.77)
ln *eff*	0.012 6 **	0.012 5 **	0.012 5 **
	(2.30)	(2.28)	(2.28)
ln *subsidy*	0.002 8	0.002 8	0.002 8
	(0.38)	(0.38)	(0.38)
ln *finance*	−7.860 0 ***	−7.870 9 ***	−7.870 9 ***
	(−6.29)	(−6.30)	(−6.30)
ln *age*	0.226 4 ***	0.226 2 ***	0.226 2 ***
	(8.37)	(8.36)	(8.36)
ln *size*	−0.141 6 ***	−0.140 9 ***	−0.140 9 ***
	(−4.28)	(−4.26)	(−4.26)
时间效应	是	是	是
企业效应	是	是	是
产品效应	是	是	是
目的地−时间效应	是	是	是
cons	54.064 1 ***	54.140 4 ***	54.081 4 ***
	(236.07)	(236.43)	(230.98)
样本量	1 247 317	1 247 317	1 247 317
R²	0.139 9	0.139 8	0.139 9

第（2）列是低质量产品进口竞争对生产率异质性企业出口产品质量影响的计量估计结果，从估计结果看，低质量产品进口竞争指标以及其与企业生产率的交互项指标均不显著，说明低质量产品进口竞争对不同生产率企业的出口产品质量均没有显著影响。可能的原因是，相对而言，中国在低质量产

品生产上更加具备比较优势，因此，低质量的进口产品并没有对国内企业产生足够的竞争压力，从而，低质量产品进口竞争对企业的出口产品质量没有产生显著的影响。第（3）列是同时考虑高质量产品进口竞争和低质量产品进口竞争的计量估计结果，从估计结果看，本章得出的结论具有较好的稳健性。

5.8 本章小结

本章从进口冲击视角，实证研究了进口竞争对中国企业出口产品质量的影响。研究发现，进口竞争总体上不利于中国企业出口产品质量提升，尤其对中国的高生产率企业的负面影响较大，会使得高生产率企业选择走"低质低价"的发展路线，但对低生产率企业会产生正面的竞争冲击影响。总体而言，本章的研究证实了扩大进口的冲击风险效应存在，对于国家防范进口冲击风险具有重要的政策启示意义。具体来看，本章得出的主要研究结论如下：

（1）总体来看，进口竞争显著抑制了中国企业出口产品质量提升，且这一结论在进行内生性处理与稳健性检验后依然成立。从不同类别产品看，最终品进口竞争显著抑制了中国企业出口产品质量提升，投入品进口竞争显著促进了中国企业出口产品质量提升。而且，最终品进口竞争的抑制效应大于投入品进口竞争的促进效应，因此，进口竞争总体上对企业出口产品质量的净效应表现为显著的抑制作用。

（2）企业创新是进口竞争影响中国企业出口产品质量的一条重要机制。进口竞争迫使企业产生了气馁效应，通过降低研发投入抑制企业创新进而对企业出口产品质量提升产生了不利影响。

（3）知识产权保护是进口竞争影响中国企业出口产品质量的重要调节机制。当知识产权保护程度相对较低时，进口竞争有利于促进创新，进而提升企业出口产品质量，但相对较高的知识产权保护会抑制出口企业的创新活动。

（4）进一步研究发现，进口竞争显著促进了低生产率企业出口产品质量提升，但抑制了高生产率企业出口产品质量提升；进口竞争显著抑制了内资企业的出口产品质量提升，但对外资企业的出口产品质量无显著影响；进口竞争对中国向中低收入国家出口产品质量的抑制作用明显高于对高收入国家出口的产品质量；进口竞争对劳动密集型、资本密集型行业的企业出口产品质量无显著影响，但对技术密集型行业的企业出口产品质量具有显著的抑制作用。

（5）面对进口竞争，高生产率企业降低了创新投入，并且高生产率企业选择了"低质低价"的发展路线，通过以低价获取竞争优势从而促进企业销售规模增长应对竞争。面对进口竞争，低生产率企业增加了创新投入，并且低生产率企业选择了"高质高价"的发展路线，通过提高产品质量获取竞争优势，从而提高企业利润率，实现利益最大化。

（6）高质量产品进口竞争对高生产率企业的出口产品质量的负面冲击影响较大，但会促进低生产率企业提升出口产品质量，低质量产品进口竞争对不同生产率企业的出口产品质量均无显著影响。

6 进口竞争对中国企业出口
国内附加值率的影响

6.1 引言

伴随全球价值链的形成与发展，全球范围内的贸易分工模式已经逐渐从产品间分工转变为产品内分工（张杰等，2013），各国积极融入以发达国家为主导的全球价值链分工体系中，以寻求发展机遇。一国的产品生产已经不再局限于在其国内独立完成，而是将其产品的设计、研发、生产、组装等多个增值环节在具有不同禀赋优势的国家分工完成（张鹏扬和唐宜红，2018）。20世纪80年代以来，中国凭借廉价劳动力的人口红利以低成本竞争优势不断深入参与到全球价值链分工体系中，给中国带来了巨大的出口增长福利（连慧君和魏浩，2022）。然而，在全球价值链的贸易分工体系下，出口规模并不等同于出口贸易的真实利得，尤其是对于中国而言，由于长期从事价值链的低端零部件生产与组装环节，国内附加值的获利能力有限，存在价值链"低端锁定"风险（吕越等，2018；邵朝对和苏丹妮，2019）。一些学者认为，出口国内附加值率才是衡量一国或企业在出口贸易中获得真实利得的有效指标，同时出口国内附加值率也可以反映一国参与垂直分工的程度（Hummls et al.，2001；张杰等，2013；Kee and Tang，2016）。在此背景下，研究何种因素会促进或阻碍中国企业出口国内附加值是学界需要关注的重要问题。

针对影响企业出口国内附加值率的因素，现有文献已经从外资进入（Kee and Tang，2016；毛其淋和许家云，2018）、FDI（张鹏扬和唐宜红，2018）、市场分割（吕越等，2018）、要素市场扭曲（高翔等，2018）、贸易转型升级政策（胡浩然和李坤望，2019）、贸易自由化（毛其淋和许家云，2019）、产业集聚（邵朝对和苏丹妮，2019）、空间集聚（闫志俊和于津平，2019）、税收激励（刘玉海等，2020）、贸易网络（吕越和尉亚宁，2020）、国内大市场优势（韩峰等，2020）、服务业开放（邵朝对等，2020）等视角考察了影响企业出口国内附加值率的因素。但是，从进口竞争视角进行研究的文献还相对缺乏。基于此，本章重点考察进口竞争对中国企业出口国内附加值率的影响。

在中国实施积极扩大进口战略的背景下，由进口扩张产生的竞争冲击效应已经成为中国企业面临的一个不可避免的现实问题。理论上，进口竞争对企业出口国内附加值率会产生两方面的影响，其一，进口竞争增加可能导致进口中间品价格下降，有利于企业更多地使用进口中间品，进而会降低企业出口国内附加值率；其二，进口竞争也可能产生倒逼效应，激励企业进行研发创新，提升生产效率，增加企业成本加成与利润率，进而促进企业出口国内附加值率提升。那么现实中进口竞争是否会影响中国企业的出口国内附加值率？若有影响，其影响方向及潜在的机制是什么？回答上述问题对于加深理解扩大进口对国内企业发展的影响具有重要的现实意义。

本章的主要发现是：①进口竞争显著降低了中国企业的出口国内附加值率。其中，最终品进口竞争对企业出口国内附加值率无显著影响，而投入品进口竞争则显著降低了企业出口国内附加值率。②进口竞争主要通过调整中间要素投入结构和促进企业成本加成影响企业出口国内附加值率。中间要素投入结构调整产生的不利影响大于成本加成效应产生的积极影响。③国内市场一体化和进口竞争在对企业出口国内附加值率的影响方面具有一定的替代性。④上下游关联行业进口竞争对企业出口国内附加值率也存在显著影响。

本章的贡献是：首先，本章从出口国内附加值率视角，考察了扩大进口对国内企业的竞争冲击效应，发现进口竞争对中国企业出口国内附加值率产生了不利影响，进一步为进口冲击风险方面的相关研究提供了"中国故事"。其次，本章从多个层面构建了进口竞争指标，全面揭示了进口竞争对中国企业出口国内附加值率的影响。本章不仅从总体进口竞争视角进行了考察，还将总体进口竞争分解为最终品进口竞争和投入品进口竞争，分别考察各自对企业出口国内附加值率的差异化影响，进一步地，本章还从上下游关联行业视角，研究了上游行业进口竞争和下游行业进口竞争对企业出口国内附加值率的影响。然后，本章从进口产品的市场竞争效应、中间要素投入结构调整效应、成本加成效应三个视角，较为系统地揭示了进口竞争影响企业出口国内附加值率的渠道机制。最后，本章在国家构建"双循环"新发展格局的背景下，考察了国内大市场的形成如何影响进口竞争对企业出口国内附加值率的影响，发现国内市场一体化与进口竞争对企业出口国内附加值率的影响存在替代效应，这在一定程度上为政府防范进口冲击风险找到了破解思路。

6.2 理论分析

6.2.1 进口产品的市场竞争效应

尽管理论上所有产品进口扩张都有可能加剧国内市场的竞争程度，但是不同最终用途进口产品扩张构成的进口竞争对企业出口国内附加值率的影响可能存在差异。基于此，本章在总体进口竞争的基础上，将其分解为投入品进口竞争和最终品进口竞争，并分别分析不同产品进口竞争对企业出口国内附加值率的影响渠道。其中，由进口中间投入品进口扩张而产生的进口竞争对企业出口国内附加值率的影响相对而言较为直接。投入品进口竞争增加会降低企业使用进口中间投入品的成本，尤其是，当进口中间投入品质量更高时，企业为了提升其产品质量，促进技术升级，会更倾向于使用进口中间投入品，从而会降低企业出口国内附加值率。最终品进口竞争增加对企业出口国内附加值率的影响相对而言则较为间接。最终品进口竞争增加，可能会挤占企业在国内市场的销售份额，从而导致一部分企业为了生存转向出口市场，企业为了在出口市场上获得更强的出口竞争力，可能会加大使用高质量进口中间投入品的力度，从而可能会降低企业的出口国内附加值率。但由于影响机制较为间接，因此最终品进口竞争对企业出口国内附加值率的影响可能会相对较弱。基于上述分析，本章提出：

假说 1 进口竞争会降低企业出口国内附加值率，且不同最终用途产品的进口产品扩张产生的竞争效应对企业出口国内附加值率的影响存在差异。

6.2.2 中间要素投入结构调整效应

中间要素投入结构是指企业使用进口中间要素投入与国内中间要素投入的相对比例。当进口竞争增加时，尤其是当进口中间投入品大量进入国内市场时，国内市场上的国内中间投入要素和国外中间投入要素的相对价格会发生变化。国内中间要素相对价格上升，国外中间要素相对价格下降。由于进口的中间要素技术含量以及产品质量通常相对较高，企业可能会增加使用进口中间要素的意愿，从而导致国内外中间要素投入结构发生变化，即增加进口中间要素使用，减少国内中间要素使用，最终导致企业国内附加值率下降（诸竹君等，2018）。与此同时，进口竞争增加，意味着企业可以接触到更多种类的进口中间投入品，企业有更多选择可以改变中间要素投入结构，进而会影响企业出口国内附加值率。基于上述分析，本章提出：

假说 2 进口竞争会改变企业中间要素投入结构进而降低企业出口国内附加值率。

6.2.3 成本加成效应

成本加成可能是进口竞争影响企业出口国内附加值率的一个重要渠道。一般而言，企业的成本加成反映了企业的产品销售价格对边际生产成本的偏离程度（李胜旗和毛其淋，2017）。一方面，当进口竞争增加时，企业使用中间投入品的价格会降低，企业的生产成本也会因此降低，此时产品的价格与边际成本的偏离程度会增加，即提高了企业成本加成；另一方面，伴随进口竞争的增加，国内可供企业使用的中间投入品种类将会增加，中间投入品种类增加有利于企业提升生产效率，而生产效率的提高可降低企业的成本，进而扩大产品价格与边际成本的偏离程度，提高企业成本加成（Bernard et al.，2003；Amiti and Konings，2007；Melitz and Ottaviano，2008）。此外，当进口产品扩张时，高质量的进口中间投入品有利于提升企业的最终产品质量，最终产品质量提高往往会拉大其与市场上其他产品的差异化，从而有利于企业制定更高的价格，增加企业的成本加成。有研究表明，开放度越高的行业越有利于提升企业的成本加成（De Loecker and Warzynski，2012；Altomonte and

Barattieri，2015）。而成本加成的提高，有利于提升企业的利润率，进而会促进企业出口国内附加值率增加（高翔等，2018；毛其淋和许家云，2019；邵朝对和苏丹妮，2019）。基于上述分析，本章提出：

假说3 进口竞争会通过提高企业成本加成促进企业出口国内附加值率提升。

6.3 模型设定与数据说明

6.3.1 模型设定

为了考察进口竞争对中国企业出口国内附加值率的影响，本章设定了如下计量模型：

$$dvar_{it} = \beta_0 + \beta_1 imp_{jt} + \gamma X_{it} + \delta_i + \delta_t + \varepsilon_{it} \tag{6-1}$$

其中，i 表示企业、t 表示时间、j 表示行业；$dvar_{it}$ 表示企业出口国内附加值率；imp_{jt} 表示行业进口竞争；X_{it} 是控制变量集合；δ_i 表示企业效应；δ_t 表示时间效应；ε_{it} 表示随机误差项。各变量的具体说明如下：

6.3.1.1 因变量

本章的因变量是企业出口国内附加值率。在借鉴张杰等（2013）、齐和唐（Kee and Tang，2016）、高翔等（2018）方法的基础上，本章对企业的出口国内附加值率（$dvar_{it}$）进行了测算。

首先，本章定义 i 企业在 t 年的出口国内附加值（dva_{it}）为：

$$dva_{it} = (ex_{it}^o + ex_{it}^p) - \frac{(im_{it}^o + im_{it}^p)}{y_{it}}(ex_{it}^o + ex_{it}^p) \tag{6-2}$$

其中，上标 o，p 分别表示一般贸易和加工贸易；ex_{it}^o 表示 i 企业的一般贸易出口额，ex_{it}^p 表示 i 企业的加工贸易出口额，（$ex_{it}^o + ex_{it}^p$）为 i 企业的出口总额；im_{it}^o 表示 i 企业在 t 年从事一般贸易活动的中间品进口额，im_{it}^p 表示 i 企业在 t 年从事加工贸易活动的中间品进口额。若 $ex_{it}^p/(ex_{it}^o + ex_{it}^p) = 0$，则 i 企业为一般贸易企业；若 $ex_{it}^{p}/(ex_{it}^{o}+ex_{it}^{p})=1$，则 i 企业为加工贸易企业；若 $0<ex_{it}^{p}/(ex_{it}^{o}+ex_{it}^{p})<1$，则 i 企业为混合贸易企业；y_{it} 表示企业总产值。dva_{it} 的核心思想是在企业出口额中剔除企业使用的进口中间品。需要说明的是，企业进口的中间品，部分会用于国内销售产品的生产，部分会用于国外销售产品的生产，由于无法获取企业内销和出口使用进口中间品的比例，因此本章借鉴已有文献的常用做法，以"等比例"分配中间品进口品。

其次，定义 i 企业在 t 年的出口国内附加值率（$dvar_{it}$）为：

$$dvar_{it} = \frac{dva_{it}}{(ex_{it}^{o}+ex_{it}^{p})} = 1 - \frac{(im_{it}^{o}+im_{it}^{p})}{y_{it}} \tag{6-3}$$

在此基础上，本章还对可能影响企业出口国内附加值率的一些问题进行了处理。具体来看：

（1）贸易中间商间接进口问题。张杰等（2013）认为，企业所用的进口中间品部分来源于进口中间商，因此，在测算国内附加值率时如果仅考虑企业从海关记录的中间品贸易额，会导致高估企业的出口国内附加值率。鉴于此，本章借鉴张杰等（2013）的方法，对企业的实际中间品进口额进行调整，公式如下：

$$im_{it}^{adj\_s} = \frac{im_{it}^{s}}{\left(1-\sum_{s=1}^{n}\theta_{st}interate_{st}\right)} \tag{6-4}$$

其中，θ_{st} 为不同贸易方式下的中间品进口额占进口总额的比值，$interate_{st}$ 为不同贸易方式的中间商进口占出口总额的比值，S 表示企业的贸易方式。此外，关于中间品的识别问题，本章延续了已有文献的做法，设定企业从事加工贸易活动的全部进口产品最终都会用作中间投入（$im_{it}^{adj\_p}$），而企业从事一般贸易活动的进口产品中仅中间品作为中间投入，消费品和资本品不在其中（$im_{it}^{adj\_o}\mid_{bec}$）[1]。

（2）国内中间投入问题。由于国内中间投入可能有进口元素[2]，如果不

_____

① 根据 BEC 分类标准，将 BEC 代码为 21、22、31、42、53、111、121、322 的产品识别为中间品。

② 库普曼等（Koopman et al.，2012）的研究发现，国内原材料中包含国外产品的份额约为 5%~10%。

对此份额进行剔除，会高估国内出口附加值率。鉴于此，本章将国内中间投入中含有的进口元素从企业出口总额中剔除，公式如下：

$$im_{it}^{f} = \rho(intermediate_{it} - im_{it}^{adj\_s}) \tag{6-5}$$

其中，im_{it}^{f} 表示国内原材料中包含的国外产品元素；ρ 表示国内中间投入中包含的进口元素份额，取值 5%；$intermediate_{it}$ 表示企业的中间投入品总额。

（3）资本品进口问题。由于企业会使用资本品进行生产，而产品的最终价值中包含资本品的折旧，如果不对进口资本品折旧进行剔除，将会高估国内附加值率（唐东坡，2012；张杰等，2013；高翔等，2018）。本章依据单豪杰（2008）测算固定资产折旧率 10.95%，对企业的进口资本品进行折旧。

$$im_{it}^{k} = \varphi im_{it}^{capital}\big|_{bec} \tag{6-6}$$

其中，im_{it}^{k} 表示企业进口资本品折旧，φ 表示企业固定资产折旧率，$im_{it}^{capital}\big|_{bec}$ 表示企业资本品进口额[①]。

（4）返回增加值问题。部分文献提出企业使用的进口中间品中也会包含国内的增加值，根据王等（Wang et al.，2013）的估计，该份额非常小，因此本章设定返回增加值为 0，即 $im_{it}^{d}=0$。

（5）过度进口与过度出口问题。本章借鉴齐和唐（Kee and Tang，2016）的做法，对企业过度进口与过度出口的企业样本进行了剔除。

本章将测算企业出口国内附加值率的方法扩展为：

$$dvar_{it}^{S} = \begin{cases} 1 - \dfrac{im_{it}^{adj\_o}\big|_{bec} + D_{it}}{y_{it}} s = o \\ 1 - \dfrac{im_{it}^{adj\_p} + D_{it}}{y_{it}} s = p \\ \omega_{0}\left(1 - \dfrac{im_{it}^{adj\_o}\big|_{bec} + D_{it}}{y_{it}}\right) + \omega_{p}\left(1 - \dfrac{im_{it}^{adj\_p} + D_{it}}{y_{it}}\right) s = m \end{cases} \tag{6-7}$$

其中，$D_{it} = im_{it}^{f} + im_{it}^{k} - im_{it}^{d}$，$\omega_{0}$ 表示企业的一般贸易出口比例，ω_{p} 表示企业的加工贸易出口比例。o 表示一般贸易企业，p 表示加工贸易企业，m 表示混合贸易企业。

[①]　根据 BEC 分类标准，将 BEC 代码为 42，521 的产品识别为资本品。

6.3.1.2 核心解释变量

本章的核心解释变量是进口竞争,借鉴伯纳德等(Bernard et al.,2006)、米昂和朱(Mion and Zhu,2013)、卡马尔和洛维(Kamal and Lovely,2017)等人的做法,采用行业进口渗透率作为进口竞争指标的代理变量,具体的测算公式如下:

$$imp_{jt} = \frac{IM_{jt}}{Q_{jt} + IM_{jt} - EX_{jt}} \tag{6-8}$$

其中,j 表示 4 位码国民经济行业;IM_{jt} 表示行业进口贸易额;EX_{jt} 表示行业出口额;Q_{jt} 表示行业生产总值。

6.3.1.3 控制变量

本章选取的控制变量包括:①企业是否进口中间品(if_im_{it}),若企业存在进口中间品行为,则取值为 1,反之,取值为 0;②企业是否从事加工贸易($if\_process_{it}$),若企业从事加工贸易,取值为 1,反之,取值为 0;③企业年龄($\ln age_{it}$);④企业规模($\ln scale_{it}$),采用企业职工人数衡量;⑤劳动生产率($\ln yl_{it}$),采用企业工业总产值与职工人数的比值衡量;⑥人均资本($\ln kl_{it}$),采用企业固定资产净值年平均余额与职工人数比值衡量;⑦企业所有制虚拟变量,按照企业注册登记类型,生成国有企业($state_{it}$)、私营企业($private_{it}$)、外资企业($foreign_{it}$)、港澳台资企业(HMT_{it})的虚拟变量。

6.3.2 数据说明

本章使用的数据主要来源于中国工业企业数据库、中国海关贸易数据库、UN Comtrade 数据库,样本研究期限为 2000—2013 年。具体来看,对数据的处理说明如下:

(1)企业层面的变量来自中国工业企业数据库。在实证分析之前,借鉴芬斯特拉(Feenstra et al.,2014)的方法,对中国工业企业数据进行了清洗,剔除了企业名称缺失、从业人数小于 8 人、成立时间无效、固定资产合计大于资产总计、本年折旧大于累计折旧以及关键变量存在缺失的企业样本;同时依照 2002 年版《国民经济行业分类标准》对历年中国工业企业数据库中的行业代码进行了重新调整，统一了四位码国民经济行业的统计口径，最后仅保留了国民经济行业（CIC）2 位码 13~43 之间的制造业企业样本。

（2）进口竞争指标测算的相关数据来源于中国工业企业数据库和 UN Comtrade 数据库。其中，行业层面的进出口额基础数据来源于 UN Comtrade 数据库，在计算行业层面的进出口贸易额时，本章首先将历年 UN Comtrade 数据库中关于中国进出口的 HS6 位码产品编码统一为 HS2002 版本；其次，利用勃兰特（Brandt，2017）给出的对应表将 2002 年版的 HS6 位码产品数据与国民经济行业的 4 位码进行对应，加总出行业层面的进出口贸易数据。行业层面的工业总产值数据来源于中国工业企业数据库，在计算行业生产总值时，本章依据 4 位码国民经济行业将企业工业总产值加总到行业层面。

（3）出口国内附加值率测算的相关数据主要来自中国海关与中国工业企业数据库。其中，对于工业中间投入数据在 2007 之后存在数据缺失的问题，本章借鉴李卫兵和张凯霞（2019）、陈林（2018）的做法，估算了企业工业中间投入[①]。另外，由于 2009 年和 2010 年的工业企业数据质量较差，因此本章剔除了这两年的样本数据。

（4）数据匹配。本章利用年份和企业名称将中国工业企业数据库与中国海关数据库进行了匹配。

6.4　实证结果及分析

6.4.1　基准估计

表 6-1 是进口竞争对中国企业出口国内附加值率影响的基准估计结果，使用的估计方法是最小二乘虚拟变量法（LSDV 方法）。其中，第（1）列在计量模型中仅考虑了核心解释变量进口竞争对企业出口国内附加值率的影响，

[①] 公式为：工业中间投入=存货−存货中的产成品+主营业务成本−主营业务应付工资总额。

未对模型控制其他可能影响企业出口国内附加值率的控制变量以及企业与时间固定效应。回归结果显示，进口竞争指标显著为负，初步说明进口竞争降低了中国企业的出口国内附加值率。第（2）（3）列是在第（1）列的基础上逐步加入时间效应和企业效应的计量估计结果，第（4）列是在第（3）列的基础上加入本章选取的控制变量的计量估计结果，回归结果均显示，进口竞争显著降低了中国企业的出口国内附加值率。另外，需要说明的是，在第（1）至（4）列中本章采用的是聚类到企业层面的稳健标准误，考虑到本章的核心解释变量为行业层面的指标，为了进一步减少自相关和异方差的影响，在第（5）列的回归结果中，本章采用聚类到行业层面的稳健标准误重新对计量模型进行估计。结果显示，进口竞争指标依然在5%的显著性水平下显著为正，进一步说明进口竞争降低了中国企业的出口国内附加值率。其原因可能是，进口竞争增加导致企业能够接触到更加廉价以及更多种类的高质量中间投入品，从而使企业调整了中间要素投入结构，即增加了对国外中间要素投入的相对使用量，减少了对国内中间要素投入的相对使用量，从而降低了中国企业的出口国内附加值率。

表 6-1　基准估计结果

变量	（1）	（2）	（3）	（4）	（5）
imp	-0.046 0***	-0.034 7***	-0.005 1***	-0.005 6***	-0.005 6**
	(-23.41)	(-17.59)	(-3.28)	(-3.63)	(-2.03)
if_im	—	—	—	-0.017 7***	-0.017 7***
				(-41.57)	(-18.88)
$if\_process$	—	—	—	-0.006 0***	-0.006 0***
				(-6.93)	(-3.61)
$\ln age$	—	—	—	0.001 6**	0.001 6
				(2.33)	(1.27)
$\ln scale$	—	—	—	0.001 0*	0.001 0
				(1.70)	(0.94)
$\ln yl$	—	—	—	0.012 5***	0.012 5***
				(23.54)	(10.82)

续表

变量	(1)	(2)	(3)	(4)	(5)
ln *kl*	—	—	—	-0.007 5***	-0.007 5***
				(-23.31)	(-14.52)
state	—	—	—	0.005 2	0.005 2
				(1.61)	(1.58)
private	—	—	—	-0.003 9***	-0.003 9***
				(-5.87)	(-5.42)
foreign	—	—	—	0.001 2	0.001 2
				(0.71)	(0.54)
HMT	—	—	—	-0.001 9	-0.001 9
				(-1.07)	(-0.93)
企业效应	No	No	Yes	Yes	Yes
时间效应	No	Yes	Yes	Yes	Yes
cons	0.899 8***	0.898 2***	0.893 7***	0.856 0***	0.856 0***
	(1 833.58)	(1 798.25)	(4 099.71)	(149.13)	(90.18)
样本量	430 454	430 454	395 365	395 365	395 365
R^2	0.005 8	0.023 2	0.821 4	0.823 8	0.823 8

注：***，**，* 分别表示在1%，5%，10%的显著性水平下显著；括号内的数值为t统计量；第（1）至（4）列的回归结果使用的是聚类到企业层面的标准误，第（5）列的回归结果使用的是聚类到行业层面的标准误。

6.4.2　内生性处理

虽然行业层面的进口竞争与企业出口国内附加值率之间不太可能存在反向因果关系，但由于无法详尽地控制所有可能影响企业出口国内附加值率的因素，因此有可能会因为存在遗漏变量而导致基准回归结果产生偏误。此外，由于变量的测量误差可能会产生内生性问题。为了解决内生性问题对估计结果的影响，本章借鉴胡梅尔斯等（Hummels et al.，2014）的思路，构建全球供给因素（WES_{jt}）指标作为进口竞争的工具变量，该指标表示j行业产品在第t年面临的全球总供给能力，在全球贸易体系下，各个国家在某一行业面临

的总供给能力是影响一国特定行业进口的重要因素。工具变量的测算公式如下:

$$WES_{jt} = \sum_c ES_{cjt} \qquad (6-9)$$

其中,ES_{cjt} 表示 c 国（除中国以外）j 行业产品在第 t 年对全球其他国家（扣除对中国的出口量）的出口总额,数据来源于 CEPII-BACI 世界双边贸易数据库。

表 6-2 的第（1）（2）列是采用两阶段最小二乘法（2SLS）进行估计的回归结果。其中,第（1）列是内生性处理的第一阶段估计结果,结果显示,全球供给增加显著增强了中国面临的进口竞争程度,且第一阶段回归的 F 值远大于经验值 10,初步说明本章选取的工具变量是有效的。第（2）列是内生性处理的第二阶段估计结果,结果显示,进口竞争指标依然显著为正,且工具变量不可识别检验（Kleibergen-Paap rk LM）和弱工具变量检验（Kleibergen-Paap rk Wald F）的结果均说明本章选取的工具变量是有效的。以上分析表明,在处理内生性后,本章在基准估计中得出的结论依然成立。

表 6-2   内生性处理与稳健性检验结果

变量	内生性处理		稳健性检验			
	第一阶段	第二阶段	改变国内中间投入的国外份额	不考虑中间商间接进口和进口资本品折旧	改变样本研究期限	改变估计方法
	(1)	(2)	(3)	(4)	(5)	(6)
imp	—	-0.028 2 ***	-0.005 1 *	-0.004 9 **	-0.007 6 **	-0.018 0 **
		(-3.22)	(-1.87)	(-1.99)	(-2.09)	(-2.47)
WES	0.009 9 ***	—	—	—	—	—
	(11.58)					
if_im	-0.001 8	-0.017 7 ***	-0.016 7 ***	-0.015 6 ***	-0.020 4 ***	-0.051 3 ***
	(-1.56)	(-18.95)	(-18.71)	(-18.49)	(-17.61)	(-24.58)
if_process	-0.002 3	-0.006 0 ***	-0.006 0 ***	-0.006 0 ***	-0.003 4 *	-0.080 3 ***
	(-0.17)	(-3.64)	(-3.85)	(-4.01)	(-1.73)	(-20.61)

续表

变量	内生性处理			稳健性检验		
	第一阶段	第二阶段	改变国内中间投入的国外份额	不考虑中间商间接进口和进口资本品折旧	改变样本研究期限	改变估计方法
	(1)	(2)	(3)	(4)	(5)	(6)
ln age	−0.000 6	0.001 6	0.000 8	0.001 4	0.001 5	0.004 3 ***
	(−0.25)	(1.28)	(0.70)	(1.21)	(1.08)	(2.74)
ln scale	−0.001 8	0.001 0	0.003 8 ***	0.000 9	0.002 9 **	0.000 2
	(−0.71)	(0.90)	(3.36)	(0.84)	(2.44)	(0.17)
ln yl	0.001 7	0.012 6 ***	0.015 0 ***	0.011 6 ***	0.013 3 ***	0.002 3
	(1.36)	(10.91)	(15.26)	(10.90)	(8.41)	(1.13)
ln kl	−0.001 6	−0.007 5 ***	−0.007 4 ***	−0.006 9 ***	−0.006 5 ***	−0.004 0 ***
	(−1.72)	(−14.53)	(−14.68)	(−14.69)	(−9.82)	(−5.76)
state	0.006 1	0.005 3	0.005 7 *	0.004 6	0.007 8 *	0.012 7 ***
	(0.88)	(1.61)	(1.81)	(1.53)	(1.94)	(4.13)
private	−0.001 0	−0.003 9 ***	−0.003 3 ***	−0.003 4 ***	−0.006 2 ***	−0.010 0 ***
	(−0.46)	(−5.44)	(−4.59)	(−5.21)	(−4.82)	(−7.31)
foreign	−0.002 0	0.001 1	0.001 1	0.001 2	−0.005 3	−0.039 3 ***
	(−0.59)	(0.50)	(0.52)	(0.61)	(−1.50)	(−12.94)
HMT	0.001 6	−0.001 9	−0.001 8	−0.001 6	−0.009 0 ***	−0.031 3 ***
	(0.38)	(−0.94)	(−0.91)	(−0.89)	(−2.90)	(−15.23)
企业效应	Yes	Yes	Yes	Yes	Yes	No
时间效应	Yes	Yes	Yes	Yes	Yes	Yes
行业效应	No	No	No	No	No	Yes
省份效应	No	No	No	No	No	Yes
第一阶段 F 值	134.10 [0.000 0]	—	—	—	—	—
Kleibergen-Paap rk LM	—	66.221 [0.000 0]	—	—	—	—

变量	内生性处理			稳健性检验		
	第一阶段	第二阶段	改变国内中间投入的国外份额	不考虑中间商间接进口和进口资本品折旧	改变样本研究期限	改变估计方法
	(1)	(2)	(3)	(4)	(5)	(6)
Kleibergen-Paap rk Wald F	—	134.096 [0.000 0]	—	—	—	—
cons	—	—	0.790 2 *** (81.19)	0.865 4 *** (97.61)	0.833 8 *** (80.14)	0.939 7 *** (47.10)
样本量	395 365	395 365	395 250	395 365	191 684	430 454
R^2	—	0.011 6	0.816 7	0.823 2	0.853 4	0.335 9

注：***，**，*分别表示在1%，5%，10%的显著性水平下显著；括号内的数值为 t 统计量，方括号内的数值为相应统计量的 p 值，所有回归结果均使用的是聚类到行业层面的标准误。

6.4.3 稳健性检验

6.4.3.1 改变国内中间投入品的国外份额

前文中，本章在测算企业出口国内附加值率时，将国内中间投入品中包含的进口元素比例设定为5%，为了确保估计结果的稳健性，本章再次设定该比例为10%，并重新计算出口国内附加值率指标进行稳健性检验。表6-2第（3）列是稳健性检验的估计结果，结果显示，进口竞争变量依然显著为负，进一步说明进口竞争显著降低了中国企业出口国内附加值率。

6.4.3.2 不考虑中间商间接进口和进口资本品折旧

为了进一步确保估计结果的稳健性，本章在测算企业出口国内附加值率时，不再考察贸易中间商间接进口问题和进口资本品折旧问题，重新测算企业出口国内附加值率，并进行稳健性检验。表6-2第（4）列是稳健性检验的估计结果，结果显示，进口竞争变量显著为负，说明本章在基准估计中得出的结论具有较好的稳健性。

6.4.3.3 改变样本研究期限

考虑到自 2008 年起，中国工业企业数据库便不再提供企业的工业中间投入变量，为了延长研究样本的年限，尽可能地保证估计结果的时效性，本章借鉴李卫兵和陈林（2018）、张凯霞（2019）的做法，估算了 2011—2013 年的企业工业中间投入品，但由此也可能会产生测量误差，影响本章的估计结果。鉴于此，本章将样本的研究期限设定为 2000—2007 年，重新对计量模型进行估计。表 6-2 第（5）列是基于 2000—2007 年的样本数据进行估计的稳健性检验结果，结果显示，本章所关注的核心解释变量的系数方向和显著性与基准估计结果基本一致，进一步说明本章的研究结论具有较好的稳健性。

6.4.3.4 改变估计方法

在基准估计部分，本章采用的计量估计方法是 LSDV 方法，考虑到企业出口国内附加值率介于 0~1 之间，存在数据截断问题，因此本章在稳健性检验部分采用 Tobit 方法重新对计量模型进行了估计。需要说明的是，由于 Tobit 估计方法无法控制企业效应，因此本章在回归时采用省份效应和行业效应对计量模型加以控制。表 6-2 第（6）列是采用 Tobit 方法进行估计的回归结果，从结果来看，进口竞争指标依然显著为负，说明本章在基准估计中得出的结论具有较强的稳健性。

6.5　影响机制检验

6.5.1　进口产品的市场竞争效应检验

上文中，本章已经验证了进口竞争显著降低了中国企业出口国内附加值率，接下来本章需要回答的问题是，进口竞争为何会降低中国企业出口国内附加值率。根据前文的理论分析可知，不同类型产品进口扩张产生的市场竞争效应可能不同，可以认为总体进口竞争对企业出口国内附加值率的影响实际是不同类型产品构成的进口竞争对企业出口国内附加值率影响的净效应。

鉴于此，本章将总体进口竞争分解为最终品进口竞争和投入品进口竞争。具体的做法是依据 BEC 分类标准将进口产品划分为消费品、中间品和资本品，其中，将消费品定义为最终品，中间品和资本品定义为投入品，然后借鉴前文进口渗透率指标的测算方法分别计算最终品进口竞争指标（imp_final_{jt}）和投入品进口竞争指标（imp_input_{jt}）[①]。在此基础上，本章分别检验了不同进口产品构成的进口竞争对中国企业出口国内附加值率的影响。

表 6-3 是进口产品市场竞争效应检验的估计结果。其中，第（1）列是最终品进口竞争对企业出口国内附加值率影响的估计结果，从结果看，最终品进口竞争对中国企业的出口国内附加值率未产生显著影响。第（2）列是投入品进口竞争对企业出口国内附加值率影响的估计结果，从结果看，投入品进口竞争指标显著为负，说明投入品进口竞争显著降低了中国企业出口国内附加值率。为了避免遗漏变量偏差，确保估计结果的一致性，本章在表 6-3 的第（3）列中报告了同时控制最终品进口竞争指标和投入品进口竞争指标的计量估计结果，从结果看，本章得出的结论依然成立。以上分析表明，进口竞争对中国企业出口国内附加值率影响的净效应显著为负，且这种效应主要是由于投入品进口竞争效应产生的，最终品进口竞争效应未发挥显著影响。其原因可能是中间投入品进口扩张，使得企业能够接触到更多种类及廉价的国外进口中间投入品和资本品，从而降低了企业的出口国内附加值率，以上分析论证了本章假说 1 成立。

表 6-3　进口产品的市场竞争效应检验的估计结果

变量	（1）	（2）	（3）
imp_final	−0.002 3	—	−0.001 5
	（−1.43）		（−0.85）
imp_input	—	−0.006 3**	−0.006 1*
		（−1.97）	（−1.87）
if_im	−0.017 7***	−0.017 7***	−0.017 7***
	（−18.84）	（−18.88）	（−18.88）

---

① 最终品进口竞争指标与投入品进口竞争指标的测算方法，详见第 4 章。

续表

变量	（1）	（2）	（3）
if_process	-0.006 0 ***	-0.006 0 ***	-0.006 0 ***
	（-3.60）	（-3.61）	（-3.61）
ln age	0.001 6	0.001 7	0.001 6
	（1.27）	（1.28）	（1.28）
ln scale	0.001 0	0.001 0	0.001 0
	（0.94）	（0.94）	（0.94）
ln yl	0.012 5 ***	0.012 5 ***	0.012 5 ***
	（10.77）	（10.83）	（10.83）
ln kl	-0.007 5 ***	-0.007 5 ***	-0.007 5 ***
	（-14.50）	（-14.51）	（-14.51）
state	0.005 2	0.005 2	0.005 2
	（1.57）	（1.58）	（1.58）
private	-0.003 9 ***	-0.003 9 ***	-0.003 9 ***
	（-5.41）	（-5.42）	（-5.42）
foreign	0.001 2	0.001 2	0.001 2
	（0.55）	（0.54）	（0.54）
HMT	-0.001 9	-0.001 9	-0.001 9
	（-0.92）	（-0.93）	（-0.93）
企业效应	Yes	Yes	Yes
时间效应	Yes	Yes	Yes
cons	0.855 3 ***	0.855 9 ***	0.856 0 ***
	（91.00）	（90.21）	（90.24）
样本量	395 365	395 365	395 365
R^2	0.823 7	0.823 8	0.823 8

注：***，**，*分别表示在1%，5%，10%的显著性水平下显著；括号内的数值为 t 统计量，所有回归结果均使用的是聚类到行业层面的标准误，本章其余表格同此。

6.5.2 中间要素投入结构调整效应检验

根据前文的理论分析可知，中间要素投入结构调整可能是进口竞争影响企业出口国内附加值率的重要渠道。且前文的分析也表明，投入品进口竞争会使得企业更多地使用进口中间投入品而降低企业出口国内附加值率。那么进口竞争是否会促使企业增加国外要素投入的相对使用量，减少国内要素投入的相对使用量，进而降低企业的出口国内附加值率？为了检验这一机制是否成立，本章首先构建了中间要素投入结构指标（$sturcture_{it}$），采用进口中间投入品金额与国内中间投入品金额的比值进行衡量，然后借鉴温忠麟和叶宝娟（2014）的方法，采用中介效应模型对此进行检验。

表6-4是中间要素投入结构调整效应的中介效应模型检验结果。其中，第（1）列与基准估计结果一致。第（2）列的估计结果表明，进口竞争显著促进了企业的中间要素投入结构调整，即进口竞争使得企业使用了相对更多的进口中间投入要素，减少了国内中间投入要素的使用量。第（3）列的估计结果表明，中间要素结构调整会降低企业出口国内附加值率，即企业使用的进口中间投入增加。以上分析表明，中间要素投入结构调整是进口竞争降低中国企业出口国内附加值率的重要渠道。此外，为了进一步确保中间要素投入结构调整的中介效应成立，本章同时进行了 Sobel 检验（Sobel，1987）和 Freedman 检验（Freedman et al.，1992），检验结果均表明，中间要素投入结构调整在进口竞争对企业出口国内附加值率的影响中发挥了中介效应，以上分析论证了本章假说2成立。

表6-4　中间要素投入结构调整效应检验的估计结果

变量	（1）出口国内附加值率	（2）中间要素投入结构	（3）出口国内附加值率
imp	−0.005 6 ** (−2.03)	0.067 6 *** (2.83)	0.000 1 (0.06)
structure	—	—	−0.084 9 *** (−44.42)
if_im	−0.017 7 *** (−18.88)	0.038 8 *** (11.78)	−0.014 4 *** (−19.72)
if_process	−0.006 0 *** (−3.61)	−0.009 4 (−1.27)	−0.006 8 *** (−5.62)

续表

变量	（1） 出口国内附加值率	（2） 中间要素投入结构	（3） 出口国内附加值率
ln *age*	0.001 6	−0.016 5*	0.000 2
	(1.27)	(−1.65)	(0.40)
ln *scale*	0.001 0	0.037 0***	0.004 2***
	(0.94)	(5.80)	(5.27)
ln *yl*	0.012 5***	−0.010 8	0.011 6***
	(10.82)	(−1.09)	(18.79)
ln *kl*	−0.007 5***	0.038 6***	−0.004 2***
	(−14.52)	(8.02)	(−12.77)
state	0.005 2	−0.016 9	0.003 8
	(1.58)	(−0.86)	(1.60)
private	−0.003 9***	0.033 5***	−0.001 1**
	(−5.42)	(6.09)	(−2.33)
foreign	0.001 2	−0.022 2*	−0.000 7
	(0.54)	(−1.80)	(−0.44)
HMT	−0.001 9	0.006 6	−0.001 3
	(−0.93)	(0.53)	(−0.93)
企业效应	Yes	Yes	Yes
时间效应	Yes	Yes	Yes
cons	0.856 0***	−0.047 7	0.851 9***
	(90.18)	(−0.78)	(129.12)
样本量	395 365	395 345	395 345
R^2	0.823 8	0.655 8	0.904 3

6.5.3　成本加成效应检验

为了检验成本加成效应，本章采用中介效应模型对此进行检验。其中，企业成本加成（$markup_{it}$）的测算借鉴德洛克尔和瓦日涅斯基（De Loeckerr and Warzynski，2012）的方法进行测算，测算公式如下：

$$markup_{it} = \theta_{it}^x / \alpha_{it}^x \qquad (6-10)$$

其中，θ_{it}^x 表示可变要素投入（劳动力）的产出弹性，借鉴邵朝对和苏丹妮（2019）的做法，采用阿克伯格等（Ackerberg et al., 2007）设定的超越对数生产函数进行估计而得；α_{it}^x 表示可变要素支出（应付工资总额）占企业销售总额的比值。

表 6-5 是成本加成效应检验的计量估计结果。其中，第（1）列的估计结果与基准估计一致。第（2）列的估计结果表明，进口竞争显著提高了企业的成本加成。第（3）列的估计结果表明，企业成本加成提高有利于促进企业出口国内附加值率提升。上述分析表明，进口竞争通过提高企业成本加成进而促进了企业出口国内附加值率提升。结合基准估计结果可以看出，尽管进口竞争可以通过成本加成效应促进企业出口国内附加值率提升，但该效应小于中间要素投入结构调整效应产生的不利影响。此外，为了进一步确保企业的成本加成中介效应成立，本章同时进行了 Sobel 检验（Sobel, 1987）和 Freedman 检验（Freedman et al., 1992），检验结果均表明，企业的成本加成效应在进口竞争对企业出口国内附加值率的影响中发挥了中介效应，以上分析论证了本章假说 3 成立。

表 6-5　成本加成效应检验的估计结果

变量	（1）出口国内附加值率	（2）成本加成	（3）出口国内附加值率
imp	-0.005 6 **	0.087 2 *	-0.005 7 **
	(-2.03)	(1.73)	(-2.06)
markup	—	—	0.000 2 *
			(1.81)
if_im	-0.017 7 ***	-0.061 1 ***	-0.017 7 ***
	(-18.88)	(-3.04)	(-18.85)
if_process	-0.006 0 ***	-0.096 3 ***	-0.005 9 ***
	(-3.61)	(-3.85)	(-3.60)
ln *age*	0.001 6	0.003 5	0.001 7
	(1.27)	(0.11)	(1.29)

续表

变量	（1）出口国内附加值率	（2）成本加成	（3）出口国内附加值率
ln scale	0.001 0	1.574 7 ***	0.000 6
	(0.94)	(21.06)	(0.50)
ln yl	0.012 5 ***	0.142 4 ***	0.012 4 ***
	(10.82)	(2.76)	(10.88)
ln kl	−0.007 5 ***	0.130 1 ***	−0.007 6 ***
	(−14.52)	(6.33)	(−14.47)
state	0.005 2	−0.293 6 **	0.005 3
	(1.58)	(−2.35)	(1.59)
private	−0.003 9 ***	−0.036 3	−0.003 9 ***
	(−5.42)	(−0.88)	(−5.50)
foreign	0.001 2	−0.229 9 ***	0.001 1
	(0.54)	(−3.99)	(0.48)
HMT	−0.001 9	−0.237 1 ***	−0.001 9
	(−0.93)	(−3.85)	(−0.96)
企业效应	Yes	Yes	Yes
时间效应	Yes	Yes	Yes
cons	0.856 0 ***	−6.426 3 ***	0.858 3 ***
	(90.18)	(−15.18)	(89.36)
样本量	395 365	395 065	395 065
R^2	0.823 8	0.598 6	0.823 9

6.6 异质性分析

6.6.1 贸易方式视角

进口竞争对不同贸易方式企业的出口国内附加值率的影响可能存在差异。

本章将进口竞争与企业是否存在加工贸易行为虚拟变量的交互项（$imp_{jt} \times if\_process_{it}$）加入计量模型。其中，当 $if\_process_{it} = 1$ 时，表示企业具有加工贸易行为；当 $if\_process_{it} = 0$ 时，表示企业为一般贸易企业。表 6-6 第（1）列是基于贸易方式视角的异质性分析估计结果。从结果看，进口竞争显著提升了一般贸易企业的出口国内附加值率，但会降低从事加工贸易行为企业的出口国内附加值率。其原因可能是，从事加工贸易行为的企业通常既可以在国内购买中间投入品，又可以在国外购买进口中间投入品，而一般贸易企业则主要在国内购买中间投入品（高翔等，2018），因此，对于一般贸易企业而言，当进口竞争增加时，通过中间要素投入结构调整效应对一般贸易企业出口国内附加值率的负面影响相对较小，而通过成本加成效应提升企业出口国内附加值率的影响相对较大。对于加工贸易企业而言，中间要素投入结构调整效应的影响更大。

表 6-6　基于异质性视角分析的估计结果

变量	贸易方式视角		进口中间品视角	企业所有制视角
	（1）	（2）	（3）	（4）
imp	0.003 8 **	0.003 8 **	0.004 6 ***	0.006 2 **
	（2.08）	（2.19）	（2.61）	（2.53）
$imp \times if\_process$	-0.009 9 **	—	—	—
	（-2.38）			
$imp \times w\_p$	—	-0.014 2 ***	—	—
		（-2.61）		
w_p	—	-0.115 2 ***	—	—
		（-11.68）		
$imp \times if\_im$	—	—	-0.009 0 ***	—
			（-2.89）	
$imp \times state$	—	—	—	-0.000 5
				（-0.12）
$imp \times private$	—	—	—	-0.002 7 ***
				（-3.24）

续表

变量	贸易方式视角		进口中间品视角	企业所有制视角
	（1）	（2）	（3）	（4）
imp×foreign	—	—	—	−0.010 0***
				（−2.75）
imp×HMT	—	—	—	−0.010 2**
				（−2.52）
if_im	−0.017 8***	−0.017 5***	−0.016 4***	−0.017 7***
	（−19.00）	（−19.42）	（−15.75）	（−18.85）
if_process	−0.004 4**	0.035 5***	−0.006 0***	−0.005 9***
	（−2.48）	（19.62）	（−3.58）	（−3.60）
ln age	0.001 6	0.001 2	0.001 6	0.001 6
	（1.25）	（1.01）	（1.27）	（1.22）
ln scale	0.001 1	0.002 2**	0.001 1	0.001 1
	（0.99）	（2.21）	（0.97）	（0.97）
ln yl	0.012 6***	0.013 0***	0.012 5***	0.012 5***
	（10.83）	（11.82）	（10.80）	（10.80）
ln kl	−0.007 5***	−0.006 8***	−0.007 5***	−0.007 5***
	（−14.50）	（−14.43）	（−14.46）	（−14.41）
state	0.005 1	0.004 5	0.005 1	0.005 0
	（1.54）	（1.42）	（1.54）	（1.46）
private	−0.003 8***	−0.003 1***	−0.003 8***	−0.003 4***
	（−5.32）	（−4.60）	（−5.33）	（−4.62）
foreign	0.001 2	0.001 6	0.001 2	0.002 8
	（0.56）	（0.77）	（0.57）	（1.21）
HMT	−0.001 8	−0.000 7	−0.001 8	−0.000 2
	（−0.92）	（−0.38）	（−0.89）	（−0.07）
企业效应	Yes	Yes	Yes	Yes
时间效应	Yes	Yes	Yes	Yes
cons	0.854 2***	0.856 8***	0.854 2***	0.854 0***
	（90.68）	（97.67）	（90.98）	（90.68）

续表

变量	贸易方式视角		进口中间品视角	企业所有制视角
	（1）	（2）	（3）	（4）
样本量	395 365	395 365	395 365	395 365
R^2	0.823 8	0.831 5	0.823 8	0.823 8

进一步地，为了确保结果的稳健性，本章将进口竞争与企业从事加工贸易出口份额的交互项（$imp_{jt} \times w\_p_{it}$）加入基准估计模型中，再次基于贸易方式视角进行异质性分析。其中，当 $w\_p_{it}=1$ 时，即表明企业为加工贸易企业；当 $0<w\_p_{it}<1$ 时，表明企业为混合贸易企业；当 $w\_p_{it}=0$ 时，表明企业为一般贸易企业。表6-6第（2）列的估计结果表明，当企业从事加工贸易活动的出口份额较低时，进口竞争有利于促进企业出口国内附加值率提升，当企业从事加工贸易活动的出口份额较高时，进口竞争会降低企业出口国内附加值率。总的来看，进口竞争更有利于提升一般贸易企业的出口国内附加值率，对加工贸易企业存在负面冲击影响。

6.6.2 进口中间品视角

前文中，本章重点考察的是行业层面的进口竞争对企业出口国内附加值率的影响，即设定在同一个4位码行业内所有企业面临的进口竞争是相同的，考虑到一部分企业存在进口行为，另一部分企业不存在进口行为，因此进口竞争对中国企业出口国内附加值率的影响可能与企业是否使用进口中间品有关，基于此，本章在计量模型中加入进口竞争与企业是否进口中间品虚拟变量的交互项（$imp_{jt} \times if\_im_{it}$）。表6-6第（3）列是基于企业是否进口中间品视角的异质性分析，估计结果表明，进口竞争有利于提升不存在进口中间品行为的企业出口国内附加值率，但对存在进口中间品行为的企业存在显著负面冲击影响。其原因可能是，对不存在进口中间品行为的企业而言，其使用进口中间投入品的概率很小[①]，当进口竞争增加时，其通过调整中间要素投入结

---

① 企业可能存在间接进口行为，即购买贸易中间商进口的中间产品。

构抑制企业出口国内附加值率的影响相对很小，而通过提升成本加成进而促进企业出口国内附加值率提升的影响相对较大。对于存在进口中间品行为的企业而言，进口竞争增加则主要通过调整中间要素投入结构降低了企业出口国内附加值率。

6.6.3　企业所有制视角

考虑到进口竞争对企业出口国内附加值率的影响可能受企业所有制的不同而有所差异，基于此，本章在基准计量模型的基础上加入进口竞争与企业所有制虚拟变量的交互项（$imp_{jt} \times state_{it}$、$imp_{jt} \times private_{it}$、$imp_{jt} \times foreign_{it}$、$imp_{jt} \times HMT_{it}$）。表6-6第（4）列是基于企业所有制视角的异质性分析估计结果，从估计结果看，进口竞争指标的估计系数显著为正，进口竞争与国有企业虚拟变量的交互项估计系数为负，但不显著，总体上表现为进口竞争显著促进了国有企业出口国内附加值率提升；进口竞争与私营企业虚拟变量的交互项的估计系数显著为负，但交互项系数相对较小，因此总体上表现为进口竞争显著促进了私营企业出口国内附加值率提升；进口竞争与外资企业虚拟变量的交互项估计系数显著为负，且交互项的系数相对较大，总体上表现为进口竞争显著抑制了外资企业的出口国内附加值率提升；进口竞争与港澳台资企业的交互项系数显著为负，且交互项系数较大，总体上表现为进口竞争显著抑制了港澳台资企业的出口国内附加值率提升。总的来看，以上分析表明，进口竞争有助于提高内资企业的出口国内附加值率，但会降低外资企业的出口国内附加值率。其可能的原因是，外资企业对进口中间投入品的性能、技术含量等信息更加了解，可能会更偏好于使用进口中间投入品，尤其是对于从事加工贸易的外资企业而言，当进口产品扩张时，进口中间投入品的成本会降低，外资企业相较于内资企业会更倾向于使用更多的进口中间投入品，因此，进口竞争增加时，外资企业通过调整中间要素投入结构降低了企业出口国内附加值率。而对于内资企业而言，进口竞争通过提升成本加成促进企业出口国内附加值率提升的影响相对更大。

6.7　进一步扩展分析

6.7.1　进口竞争、国内大市场与企业出口国内附加值率

前文的分析表明，进口竞争总体上降低了中国企业的出口国内附加值率，这在一定程度上说明由进口扩张产生的竞争效应对出口企业产生了负面冲击影响。但是这一研究结论，并未考虑国内市场一体化因素的影响。尽管中国幅员辽阔，有着巨大的国内市场与经济发展潜力，但地方之间的相互竞争催生了各地政府为保护和巩固既得利益而开展与其他地区割裂的行为，即市场分割（赵奇伟和熊性美，2009）。大量的研究表明，尽管中国的市场一体化在逐步推进，但仍存在严重的市场分割（Fan and Wei，2006；桂琦寒等，2006；盛斌和毛其淋，2011；吕越等，2018），且市场分割阻碍了生产要素的自由流动与资源配置效率，不利于企业利用规模经济降低成本，提高企业成本加成。2020年，中国政府多次提出要构建"双循环"新发展格局，在此背景下，推动国内大市场的形成，打破市场分割将成为必然趋势，那么进口竞争对企业出口国内附加值率的影响是否会受国内市场一体化的影响呢？

为了检验这一问题，本章在基准计量模型的基础上加入进口竞争与国内市场一体化的交互项（$imp_{jt} \times \ln integ_{it}$）。其中，国内市场一体化指标的测算借鉴盛斌和毛其淋（2011）的方法，公式如下：

$$integ_{pt} = \sqrt{1/var(segm_{pt})} \qquad (6-11)$$

上式中，p 表示省份，$segm_{pt}$ 表示省份层面的市场分割程度[①]，该指标的具体测算方法借鉴帕斯利和魏（Parsley and Wei，1996）、陆铭和陈钊（2009）所使用的价格指数法进行。该公式表明国内市场一体化与市场分割呈反向关系。

[①]　在测算市场分割指标时，本书借鉴盛斌和毛其淋（2011）的做法，选取粮食、服装鞋帽、饮料烟酒、文化体育用品、药品、书报杂志、日用品、燃料等8类商品的价格指数进行计算。

表 6-7 是进口竞争对企业出口国内附加值率是否受国内市场一体化程度影响的计量估计结果。其中，第（1）列重点考察的是国内市场一体化对企业出口国内附加值率的影响，估计结果表明市场一体化有利于提升企业出口国内附加值率，这一结论与吕越等（2018）的研究结论基本一致，其原因可能是国内大市场的形成，有利于企业实现规模经济，降低生产成本，提升生产效率，促进企业成本加成增加，进而有利于企业出口国内附加值率提升。第（2）列是在基准估计的基础上加入市场一体化指标的估计结果，结果显示，进口竞争指标依然显著为负，市场一体化指标显著为正，这表明当同时考虑进口竞争与国内市场一体化对企业出口国内附加值率的影响时，本章的研究结论依然具有较好的稳健性。第（3）列是在第（2）列的基础上加入进口竞争与国内市场一体化指标的计量估计结果，从结果看，进口竞争指标显著为负，进口竞争与国内市场一体化指标的交互项显著为正，说明随着国内市场一体化的推进，进口竞争对企业出口国内附加值率的负面影响将逐步减弱，也就是说，国内大市场的形成削弱了进口竞争对企业出口国内附加值率的负面冲击影响，尤其是当市场一体化达到一定程度时，进口竞争有助于企业出口国内附加值率的提升①。其原因可能是，国内市场一体化有利于通过规模经济效应降低企业的生产成本，增加企业的成本加成率。因此，国内市场一体化能够强化进口竞争通过成本加成效应对企业出口国内附加值率的提升影响。进一步也说明国内市场一体化和进口竞争在对企业出口国内附加值率的影响方面具有一定的替代性。

表 6-7　进口竞争、国内大市场与企业出口国内附加值率的估计结果

变量	(1)	(2)	(3)
imp	—	−0.005 6** (−2.02)	−0.036 3* (−1.89)
$imp\times\ln integ$	—	—	0.007 3* (1.74)

---

① 根据估计结果可以看出，当市场一体化指标（$integ_{pt}$）超过临界值 4.97 时，进口竞争将有利于提升企业出口国内附加值率，其中市场一体化指标的取值范围介于 3.20~5.10 之间。

续表

变量	（1）	（2）	（3）
ln *integ*	0.005 8 ***	0.005 7 ***	0.004 7 ***
	（6.02）	（6.01）	（4.21）
if_im	−0.017 7 ***	−0.017 7 ***	−0.017 7 ***
	（−18.83）	（−18.86）	（−18.89）
if_process	−0.006 0 ***	−0.006 0 ***	−0.006 0 ***
	（−3.64）	（−3.65）	（−3.65）
ln *age*	0.001 7	0.001 7	0.001 7
	（1.31）	（1.31）	（1.32）
ln *scale*	0.001 1	0.001 1	0.001 1
	（0.96）	（0.96）	（0.96）
ln *yl*	0.012 5 ***	0.012 5 ***	0.012 5 ***
	（10.85）	（10.90）	（10.93）
ln *kl*	−0.007 5 ***	−0.007 5 ***	−0.007 5 ***
	（−14.52）	（−14.54）	（−14.51）
state	0.005 3	0.005 3	0.005 3
	（1.59）	（1.60）	（1.58）
private	−0.003 8 ***	−0.003 8 ***	−0.003 8 ***
	（−5.38）	（−5.39）	（−5.36）
foreign	0.001 1	0.001 1	0.001 1
	（0.52）	（0.51）	（0.52）
HMT	−0.001 9	−0.001 9	−0.001 9
	（−0.94）	（−0.94）	（−0.94）
企业效应	Yes	Yes	Yes
时间效应	Yes	Yes	Yes
cons	0.829 9 ***	0.830 8 ***	0.835 1 ***
	（88.54）	（87.58）	（80.93）
样本量	394 857	394 857	394 857
R^2	0.823 8	0.823 8	0.823 8

6.7.2 上下游关联行业进口竞争与企业出口国内附加值率

前文中，本章主要从本行业面临的进口竞争视角分析了进口竞争对企业出口国内附加值率的影响，并没有考虑上下游关联行业面临的进口竞争对企业出口国内附加值率的影响。理论上，上下游行业面临的进口竞争也可能会影响企业的出口国内附加值率。上游行业会为本行业企业提供生产所使用的中间投入，而下游行业则会使用本行业企业生产的产品作为中间投入。当上游行业面临的进口竞争增加时，意味着本行业使用上游行业的进口中间投入品价格相对会降低，从而促使本行业的企业增加对上游进口中间投入品的使用，进而可能会降低本行业企业的出口国内附加值率。当下游行业面临的进口竞争增加时，下游行业可能会减少对本行业企业生产的中间品需求，本行业企业为了获得竞争力，可能会加大创新力度，提升企业产品竞争力和成本加成，进而促进企业出口国内附加值率提升。鉴于此，本章借鉴阿杰莫格鲁等（Acemoglu et al.，2016）、费勒和哈里森（Fieler and Harrison，2018）考察上下游关联行业的进口竞争对国内就业影响的思路，在基准计量模型中同时加入上下游行业进口竞争指标，上下游行业进口竞争指标的具体测算公式如下：

$$imp\_upstream_{jt} = \sum_{m \neq j} \alpha_{jm} \frac{IM_{mt}}{Q_{mt} + IM_{mt} - EX_{mt}} \tag{6-12}$$

$$imp\_downstream_{jt} = \sum_{m \neq j} \alpha_{jk} \frac{IM_{kt}}{Q_{kt} + IM_{kt} - EX_{kt}} \tag{6-13}$$

其中，$imp\_upstream_{jt}$ 表示上游行业进口竞争，$imp\_downstream_{jt}$ 表示下游行业进口竞争，j 表示本行业，m 表示为本行业提供中间投入品的上游行业，k 表示使用本行业产品作为中间投入品的下游行业，α_{jm} 表示上游行业 m 为本行业 j 提供的中间投入品份额，α_{jk} 表示本行业为下游行业 k 提供的中间投入品份额，α_{jm}，α_{jk} 由 2002 年的中国投入产出表计算而得。

表 6-8 是上下游关联行业进口竞争效应的估计结果。其中，第（1）列在计量模型中仅考虑了本行业的进口竞争、上游行业的进口竞争、下游行业的

进口竞争对企业出口国内附加值率的影响，未加入本章选取的其他控制变量。估计结果表明，进口竞争指标显著为负，上游行业的进口竞争指标显著为负，而下游行业的进口竞争指标显著为正，说明上游行业面临的进口竞争增加会降低企业的出口国内附加值率，而下游行业面临的进口竞争增加则有利于提升企业的出口国内附加值率。其原因可能是，上游行业的进口竞争增加会导致本行业的企业更多地使用上游行业的进口中间投入品，从而降低了本行业企业的出口国内附加值率，而下游行业进口竞争增加则可能会促使本行业企业为了提高竞争优势，而加大创新，促进企业成本加成提升，进而提高企业出口国内附加值率。为了确保估计结果的稳健性，在第（2）列的计量模型中进一步加入了本章选取的其他控制变量，从估计结果看，本章得出的结论依然成立。

表 6-8　上下游关联行业进口竞争与企业出口国内附加值率的估计结果

变量	（1）	（2）
imp	-0.004 5 *	-0.005 0 *
	（-1.67）	（-1.86）
imp_upstream	-0.015 6 ***	-0.015 9 ***
	（-3.94）	（-4.23）
imp_downstream	0.023 2 ***	0.023 2 ***
	（3.67）	（3.77）
if_im	—	-0.017 7 ***
		（-18.41）
if_ process	—	-0.006 1 ***
		（-3.59）
ln *age*	—	0.001 5
		（1.15）
ln *scale*	—	0.001 1
		（1.02）
ln *yl*	—	0.012 5 ***
		（10.70）
ln *kl*	—	-0.007 6 ***
		（-14.49）

续表

变量	(1)	(2)
state	—	0.005 2
		(1.56)
private	—	-0.004 0 ***
		(-5.42)
foreign	—	0.000 9
		(0.39)
HMT	—	-0.002 0
		(-0.95)
企业效应	Yes	Yes
时间效应	Yes	Yes
cons	0.893 5 ***	0.856 2 ***
	(864.34)	(87.04)
样本量	384 312	384 312
R^2	0.821 9	0.824 3

6.8　本章小结

本章从进口冲击视角，实证研究了进口竞争对中国企业出口国内附加值率的影响。研究发现，进口竞争总体上不利于中国企业提升出口国内附加值率，尤其是中间品进口竞争对企业国内附加值率的负面影响较大，但是本章的研究也发现，推动国内大市场形成有利于扭转进口竞争对企业出口国内附加值率的负面影响。总体上，本章的研究进一步证实了扩大进口的冲击风险效应存在，并且为政策制定者防范进口冲击风险提出了有益的政策启示。具体来看，本章得出的主要研究结论如下：

（1）进口竞争总体上会降低企业出口国内附加值率。其中，最终品进口竞争对企业出口国内附加值率无显著性影响，投入品进口竞争显著降低了企业出口国内附加值率。

（2）中间要素结构调整效应和成本加成效应是进口竞争影响企业出口国内附加值率的主要传导机制。其中，进口竞争通过调整中间要素结构降低了企业出口国内附加值率，通过提升成本加成促进了企业出口国内附加值率的提升。但是，中间要素结构调整效应产生的负面影响大于成本加成效应产生的积极影响。

（3）进口竞争有利于促进一般贸易企业提升出口国内附加值率，但会降低从事加工贸易活动企业的出口国内附加值率；进口竞争有利于提升不存在进口中间品行为企业的出口国内附加值率，但会降低存在进口中间品行为的企业国内附加值率；进口竞争有助于提高内资企业的出口国内附加值率，但会降低外资企业的出口国内附加值率。

（4）国内市场一体化和进口竞争在对企业出口国内附加值率的影响方面具有一定的替代性。国内大市场的形成削弱了进口竞争对企业出口国内附加值率的负面冲击影响，尤其是当市场一体化达到一定程度时，进口竞争有助于企业出口国内附加值率的提升。

（5）上游行业面临的进口竞争增加会降低企业的出口国内附加值率，而下游行业面临的进口竞争增加则有利于提升企业的出口国内附加值率。当同时考虑本行业进口竞争、上游行业进口竞争、下游行业进口竞争时，进口竞争对企业出口国内附加值率的总效应表现为显著的促进作用。

7 结论与研究展望

积极扩大进口是中国政府为推动更高水平对外开放，促进国内经济高质量发展实施的一项重要对外贸易发展战略举措，对于中国企业的发展有着深远影响。扩大进口的主要目的是为了满足国内消费需求升级、服务国内经济高质量发展。但是，扩大进口也会增加国内市场的竞争程度，使国内企业面临的进口竞争冲击加大，企业能否适应进口产品扩张造成的竞争冲击影响，以及企业应该如何应对进口竞争，是当前学界与政府亟须关注的重要现实问题。与此同时，虽然中国的出口贸易自加入 WTO 之后经历了快速的增长，但自 2012 年以来，中国的出口增速呈现了明显的下滑趋势，2012—2019 年，中国的出口规模年均增长率已经骤减为 2.88%，2015—2016 年，出口规模甚至连续两年出现了负增长。

在企业的出口国际竞争力与出口实际获利能力方面，表现为中国企业的平均出口产品质量与发达国家相比仍有较大差距，出口国内附加值率处于相对较低的位置，存在价值链"低端锁定"风险。可以说出口企业正面临前所未有的巨变与挑战，如何促进企业出口规模持续增长，如何提升企业出口产品质量与出口国内附加值率也是当前学界亟须研究的重要现实问题。

基于此，本书从进口冲击视角，系统地研究了进口竞争对中国企业出口绩效的影响。一方面，本书考察了扩大进口的冲击风险效应，为政府防范进口冲击风险提供了有益的政策启示；另一方面，本书从进口竞争视角为企业提升出口绩效提供了有益的政策启示。

7.1 主要结论

7.1.1 中国进口与企业出口绩效的典型事实

（1）2000—2019 年，中国的进口规模快速增长，2019 年中国的进口规模为 20 784 亿美元，是 2000 年的 9.23 倍。中国的进口来源地呈现多样化的变化趋势，进口来源地从 2000 年的 187 个增加至 2019 年的 220 个。但是，中国的进口地区结构较为集中，主要集中于广东、上海、江苏等地区，2000 年中国的前 3 大进口地区的进口规模占中国总进口的比值高达 59.95%，2019 年这一比值仍高达 50.21%。中国进口的产品主要是中间品，其次是资本品，消费品进口最少；2019 年，中间品进口占比为 78.06%，资本品进口占比为 12.52%，消费品进口占比为 7.24%。对于大部分中国制造业行业而言，2000—2013 年，其面临的进口竞争水平呈上升的变化趋势，其中，进口竞争程度比较高的制造业行业大多属于技术密集型行业，进口竞争程度较低的行业大多属于劳动密集型行业。

（2）2000—2013 年，中国企业的出口主要来源于出口集约边际（企业出口关系中单位"产品-目的地"的平均出口额），在历年的数据中，出口集约边际占企业出口总额的比重均已超过 83%；而扩展边际（企业出口关系中"产品-目的地"数量）占企业出口总额的比重则不足 17%。外资企业（含港澳台资企业）的出口规模高于内资企业。中国企业向高收入国家的出口规模高于向中低收入国家的出口规模。出口经验丰富的企业、多产品出口企业、多出口目的地企业的出口规模高于出口经验较少的企业、单一产品出口企业、单一出口目的地企业。

（3）2000—2013 年，中国企业的平均出口产品质量呈先下降后上升的变化趋势。中国企业向中低收入国家出口的平均产品质量高于向高收入国家的出口产品质量；内资企业的平均出口产品质量高于外资企业（含港澳台资企业）的出口产品质量；单一产品企业的平均出口产品质量高于多产品出口企业。

（4）2000—2013 年，中国企业的平均出口国内附加值率总体呈上升的变化趋势，出口国内附加值率介于 0.640 7 ~ 0.780 2 之间。一般贸易企业的出口国内附加值率最高，其次是混合贸易企业，加工贸易企业的出口国内附加值率最低；内资企业的出口国内附加值率高于外资企业（含港澳台资企业）；进口中间品的企业出口国内附加值率低于未进口中间品企业的国内附加值率。

7.1.2 进口竞争对中国企业出口规模影响的研究

（1）进口竞争总体上有利于促进企业出口增长，且主要通过促进扩展边际发挥作用。从不同最终用途进口产品视角看，最终品进口竞争有利于通过促进企业集约边际从而促进企业出口增长，而投入品进口竞争有利于通过促进企业扩展边际从而促进企业出口增长。

（2）国内市场挤出效应与企业生产率效应是进口竞争影响中国企业出口规模的主要传导机制。一方面，进口竞争会侵蚀企业的国内市场份额，迫使企业转向国际市场促进出口增长，产生了市场挤出效应，且这一效应主要是由最终品进口竞争加剧导致的；另一方面，进口竞争有利于提升企业生产率，从而有利于降低企业生产成本，促进企业出口增长，且这一效应主要是由投入品进口竞争加剧导致的。

（3）进口竞争更有利于私营企业、出口经验丰富的企业、劳动密集型企业的出口规模增长。

（4）通过对出口扩展边际的进一步分解发现，进口竞争主要通过促进企业出口产品种类增加，从而促进企业出口增长。

（5）进口竞争有利于抑制企业出口波动，且主要通过抑制企业出口集约边际波动发挥作用。

7.1.3 进口竞争对中国企业出口产品质量影响的研究

（1）进口竞争总体上表现为显著抑制了中国企业出口产品质量提升。其中，最终品进口竞争显著抑制了企业出口产品质量提升，投入品进口竞争显著促进了企业出口产品质量提升，最终品进口竞争的抑制效应大于投入品进口竞争的促进效应。

（2）进口竞争主要通过抑制企业创新这一路径降低企业出口产品质量。进口竞争使企业产生了气馁效应，通过降低研发投入抑制企业创新进而对企业出口产品质量提升产生了不利影响。并且较高程度的知识产权保护增加了企业引进吸收国外先进技术的难度和成本，不利于企业创新，强化了进口竞争对企业出口产品质量的抑制作用。

（3）虽然进口竞争对高生产率企业、内资企业、技术密集型企业、出口到中低收入国家企业出口产品质量的抑制作用比较显著，但是，进口竞争会显著促进低生产率企业出口产品质量提升。

（4）面对进口竞争，高生产率企业降低了创新投入，并且高生产率企业选择了"低质低价"的发展路线，通过以低价获取竞争优势从而促进企业销售规模增长，应对竞争。面对进口竞争，低生产率企业增加了创新投入，并且低生产率企业选择了"高质高价"的发展路线，通过提高产品质量获取竞争优势，从而提高企业利润率，实现利益最大化。

（5）高质量产品进口竞争对高生产率企业的出口产品质量负面影响较大，但有利于促进低生产率企业的出口产品质量提升。

7.1.4　进口竞争对中国企业出口国内附加值率影响的研究

（1）进口竞争总体上会降低企业出口国内附加值率。其中，最终品进口竞争对企业出口国内附加值率无显著性影响，投入品进口竞争显著降低了企业出口国内附加值率。

（2）中间要素结构调整效应和成本加成效应是进口竞争影响企业出口国内附加值率的主要传导机制。一方面，进口竞争会促使企业调整中间要素投入结构，增加国外中间要素的相对使用量，减少国内中间要素的相对使用量，从而降低企业出口国内附加值率；另一方面，进口竞争有利于提升企业成本加成进而促进企业出口国内附加值率增加，但是成本加成的促进效应低于中间要素投入结构调整的抑制效应。

（3）进口竞争有利于促进一般贸易企业提升出口国内附加值率，但会降低从事加工贸易活动企业的出口国内附加值率；进口竞争有利于提升不存在进口中间品行为的企业出口国内附加值率，但会降低存在进口中间品行为的企业出口国内附加值率；进口竞争有助于提高内资企业的出口国内附加值率，但会降低外资企业的出口国内附加值率。

（4）国内大市场的形成削弱了进口竞争对企业出口国内附加值率的负面冲击影响，尤其是当市场一体化达到一定程度时，进口竞争会有助于企业出口国内附加值率的提升。

（5）上游行业面临的进口竞争增加会降低企业的出口国内附加值率，而下游行业面临的进口竞争增加则有利于提升企业的出口国内附加值率。

7.2　政策启示

本书的研究结果具有很强的政策启示意义。开放是实现国家繁荣富强的根本出路，安全是发展的前提，发展是安全的保障，因此，国家必须统筹开放、安全与发展的关系，既要充分利用国内国际两个市场、两种资源促进经济发展特别是高质量发展，又要确保经济发展的安全性。国家要实施有效的政策措施，趋利避害，充分发挥进口竞争对中国企业出口绩效的正面影响。

7.2.1　重视进口冲击的风险防范

国家在实施积极扩大进口的政策时，要高度重视进口冲击的风险防范问题。本书的研究发现，尽管进口竞争有利于促进中国企业的出口规模增加，但对中国企业的出口产品质量、出口国内附加值率具有不利的负面影响。此外，企业出口规模的增加，部分原因是进口产品对国内企业生产的产品产生了挤出效应，降低了企业在国内市场的销售额，从而迫使其转向出口市场，寻求发展机遇，扩大了出口。总的来看，进口竞争对中国企业的出口绩效产生了不利的影响，增加了出口企业被价值链"低端锁定"的风险。因此，国家要高度重视进口竞争对国内企业产生的负面影响，防范进口冲击风险的扩大对国民经济高质量发展的根基产生不利影响，避免企业以降低产品质量以及降低出口国内附加值率为代价，通过低价竞争优势获得国际竞争力进而扩大出口规模。此外，在关注企业出口绩效的问题时，不能一味追求出口规模的增加，应该更加注重提升企业的出口产品质量与出口国内附加值率。

7.2.2　积极发挥投入品进口对企业出口的积极作用

本书的研究发现，投入品进口竞争加剧，一方面有利于促进企业通过扩展边际增加促进企业出口规模增长；另一方面，有利于企业促进产品质量的提升。总体而言，投入品进口竞争有助于企业开拓更多的出口市场，扩大出口，且有利于企业在出口市场上增强国际竞争力。长期以来，中国一直比较重视中间品、资本品等投入品的进口，高端机器设备的进口直接升级了生产线，关键中间品的进口让企业生产高质量产品具有了可能性，再加上企业的干中学以及进口配套效应，大大提升了企业生产高质量产品的基础、可能性和能力。这是中国发展进口贸易的成功经验，今后要继续扩大先进技术、重要装备和核心零部件的进口，进一步发挥投入品进口的正效应。此外，值得关注的是，本书的研究发现，投入品进口竞争增加降低了中国企业的出口国内附加值率，其原因主要是企业使用了相对更多的进口中间投入品，对于这种情况，政府应鼓励企业发挥"干中学"的精神，通过扩大进口中间投入品，促进企业自身创新能力的提高，提升国内企业中间投入品的质量，发挥进口替代效应，增加企业的成本加成，进而有助于提升企业出口国内附加值率。

7.2.3　高度重视消费品进口对企业出口的负面影响

本书的研究发现，虽然消费品进口竞争增加有利于企业通过集约边际促进企业出口规模增长，但是对企业的出口产品质量却存在显著的抑制作用。也就是说，消费品进口竞争增加有可能导致企业走"低质低价"的发展路线。在中国进口中，消费品进口的占比一直比较低，但是，"十四五"时期，中国将全面提高对外开放水平，推动贸易和投资自由化、便利化，中国市场开放的特点将从重点开放要素市场发展为同时开放要素市场和产品市场，消费品特别是优质消费品进口规模逐渐增加将是一种新的趋势。在这样的背景下，如何平衡优质消费品进口缓解国内供给不足和对国内企业造成冲击之间的矛盾，是政府面临的不可避免的重大现实问题，要特别重视高生产率企业、技术密集型行业企业的发展态势，防范进口负面冲击程度过大。

7.2.4 高度重视进口竞争对高生产率企业出口产品质量产生的负面影响

本书的研究结论发现，面对进口竞争，高生产率企业会选择走"低质低价"的发展路线，表现为消极的熊彼特效应。此外，进口竞争也导致高生产率企业降低了创新投入，从而不利于高生产率企业促进创新，进而提高出口产品质量。高生产率企业作为中国在国际市场上提升核心竞争力的主力军，面对进口竞争时却表现出消极的应对策略，因此政府应高度重视进口竞争对高生产率企业产生的负面影响。着力提高高生产率企业的内在创新动力，通过制定政策激励措施，鼓励高生产率企业加大自主创新力度，提高其创新效率，引导高生产率企业在国际市场上以质取胜，走"质高价优"的发展路线，提高企业的核心竞争力。同时，政府要帮助企业降低融资成本，改革完善金融服务体系，设立国家融资担保基金，支持优质创新型企业上市融资，着力解决高生产率企业融资难、融资贵的问题。

7.2.5 进一步深入研究知识产权保护对进口竞争创新效应的真实影响

企业的出口产品质量是由技术水平决定的，企业的技术水平与企业的研发投入、研发强度、创新环境紧密相关。一般情况下，较高的知识产权保护程度有利于促进企业进行创新，但是，从进口竞争的角度看，较高的知识产权保护程度反而会抑制企业的研发活动，从而不利于企业技术水平、出口产品质量的提升。在积极扩大进口的背景下，要进一步科学认识知识产权保护、进口与创新之间的关系，制定与经济发展阶段、经济发展目标相适宜的知识产权保护制度，是国家面临的一项重要工作。

7.2.6 积极推动国内大市场的形成

尽管中国幅员辽阔，有着巨大的国内市场与经济发展潜力，但地方之间的相互竞争催生了各地政府为保护和巩固既得利益而采取与其他地区割裂的行为，不利于企业利用国内大市场优势发展规模经济效应。本书的研究发现，国内大市场的形成，有助于降低进口竞争对企业出口国内附加值率的抑制作用，尤其是当国内市场一体化达到一定程度后，进口竞争将有利于促进企业出口国内附加值率提升。因此，政府应加强推动国内大市场形成的力度，打破省与省之间促成市场分割的各种行政壁垒，充分挖掘国内大市场的潜力。

7.3　研究展望

本书从企业出口绩效视角，系统地考察了积极扩大进口的竞争冲击效应，在一定程度上丰富了进口冲击效应相关文献的"中国故事"。为中国政府制定、调整和实施对外贸易政策提供了理论与实证方面的证据支持以及政策启示。当然，本书的研究仍存在一些不足和需要改进的地方：

（1）在理论分析方面，本书以文字分析的形式归纳总结了进口竞争影响企业出口规模、出口产品质量、出口国内附加值率的影响机制，对相关理论研究进行了拓展，这种方式的优点是比较直观、便于理解。未来有待结合数理模型推导，对理论分析进行更为深入的研究。

（2）囿于篇幅的限制，本书难以详尽地研究进口竞争对中国企业绩效的影响，本书只是从企业出口绩效视角进行了研究，关于中国进口扩张产生的进口竞争冲击影响的相关研究，未来仍有较多的研究视角与研究空间。

（3）囿于数据的限制，本书的研究期限主要是基于2000—2013年的相关数据进行分析的，虽然过去的经验对当下政策的实施具有一定的参考价值，但是仍存在一定的滞后性，随着未来相关数据的进一步丰富，可利用最新的数据，对相关问题进行进一步的跟踪研究。

参考文献

［1］鲍晓华，朱达明．技术性贸易壁垒与出口的边际效应：基于产业贸易流量的检验［J］．经济学（季刊），2014（4）：1393-1414.

［2］陈继勇，刘骐豪．信贷融资对中国企业出口行为的影响：基于双重信贷和双重出口边际的研究［J］．世界经济研究，2015（4）：53-63，128.

［3］陈林．中国工业企业数据库的使用问题再探［J］．经济评论，2018（6）：140-153.

［4］陈婷，向训勇．人民币汇率与中国出口的二元边际：基于多产品企业的研究视角［J］．国际贸易问题，2015（8）：168-176.

［5］陈雯，孙照吉．劳动力成本与企业出口二元边际［J］．数量经济技术经济研究，2016（9）：22-39.

［6］陈勇兵，陈宇媚，周世民．贸易成本、企业出口动态与出口增长的二元边际：基于中国出口企业微观数据：2000—2005［J］．经济学（季刊），2012（4）：1477-1502.

［7］崔晓敏，余淼杰，袁东．最低工资和出口的国内附加值：来自中国企业的证据［J］．世界经济，2018（12）：49-72.

［8］戴觅，茅锐．外需冲击、企业出口与内销：金融危机时期的经验证据［J］．世界经济，2015（1）：81-104.

［9］单豪杰．中国资本存量K的再估算：1952—2006年［J］．数量经济与技术经济研究，2008（10）：17-31.

［10］樊纲，王小鲁，朱恒鹏．中国市场化指数：各地区相对进程报告［M］．北京：经济科学出版社，2010.

［11］高翔，刘啟仁，黄建忠．要素市场扭曲与中国企业出口国内附加值率：事实与机制［J］．世界经济，2018（10）：26-50.

［12］桂琦寒，陈敏，陆铭，等.中国国内商品市场趋于分割还是整合：基于相对价格法的分析［J］.世界经济，2006（2）：20-30.

［13］郭琪，周沂，贺灿飞.出口集聚、企业相关生产能力与企业出口扩展［J］.中国工业经济，2020（5）：137-155.

［14］韩峰，庄宗武，李丹.国内大市场优势推动了中国制造业出口价值攀升吗？［J］.财经研究，2020（10）：4-18.

［15］侯欣裕，陈璐瑶，孙浦阳.金融服务、外资政策调整与企业出口：基于中国微观数据的验证［J］.金融研究，2019（11）：94-111.

［16］侯欣裕，陈璐瑶，孙浦阳.市场重合，侵蚀性竞争与出口质量［J］.世界经济，2020，43（3）：93-116.

［17］胡浩然，李坤望.企业出口国内附加值的政策效应：来自加工贸易的证据［J］.世界经济，2019（7）：145-170.

［18］蒋冠宏，蒋殿春.中国企业对外直接投资的"出口效应"［J］.经济研究，2014（5）：160-173.

［19］李兵，李柔.互联网与企业出口：来自中国工业企业的微观经验证据［J］.世界经济，2017（7）：102-125.

［20］李胜旗，毛其淋.制造业上游垄断与企业出口国内附加值：来自中国的经验证据［J］.中国工业经济，2017（3）：101-119.

［21］李卫兵，张凯霞.空气污染对企业生产率的影响：来自中国工业企业的证据［J］.管理世界，2019（10）：95-112，119.

［22］连慧君，魏浩.进口竞争对中国企业出口国内附加值率的影响研究［J］.亚太经济，2022，234（5）：110-122.

［23］连慧君，魏浩.进口竞争是否影响了中国企业出口？［J］.世界经济文汇，2023，273（2）：48-69.

［24］刘玉海，廖赛男，张丽.税收激励与企业出口国内附加值率［J］.中国工业经济，2020（9）：99-117.

［25］鲁晓东，李林峰.多样化水平与中国企业出口波动：基于产品和市场组合的研究［J］.统计研究，2018（12）：56-67.

［26］陆铭，陈钊.分割市场的经济增长：为什么经济开放可能加剧地方

保护？［J］．经济研究，2009（3）：42-52．

［27］吕越，盛斌，吕云龙．中国的市场分割会导致企业出口国内附加值率下降吗［J］．中国工业经济，2018（5）：5-23．

［28］吕越，尉亚宁．全球价值链下的企业贸易网络和出口国内附加值［J］．世界经济，2020，43（12）：50-75．

［29］毛其淋，盛斌．贸易自由化与中国制造业企业出口行为："入世"是否促进了出口参与？［J］．经济学（季刊），2014（1）：647-674．

［30］毛其淋，许家云．贸易自由化与中国企业出口的国内附加值［J］．世界经济，2019（1）：3-25．

［31］毛其淋，许家云．外资进入如何影响了本土企业出口国内附加值？［J］．经济学（季刊），2018（4）：1453-1488．

［32］蒙英华，蔡宏波，黄建忠．移民网络对中国企业出口绩效的影响研究［J］．管理世界，2015（10）：54-64．

［33］钱学锋，范冬梅，黄汉民．进口竞争与中国制造业企业的成本加成［J］．世界经济，2016（3）：71-94．

［34］钱学锋．企业异质性、贸易成本与中国出口增长的二元边际［J］．管理世界，2008（9）：48-56，66，187．

［35］邵朝对，苏丹妮，李坤望．服务业开放与企业出口国内附加值率：理论和中国证据［J］．世界经济，2020（8）：123-147．

［36］邵朝对，苏丹妮．产业集聚与企业出口国内附加值：GVC升级的本地化路径［J］．管理世界，2019（8）：9-29．

［37］盛斌，吕越．对中国出口二元边际的再测算：基于2001—2010年中国微观贸易数据［J］．国际贸易问题，2014（11）：25-36．

［38］盛斌，毛其淋．贸易开放、国内市场一体化与中国省际经济增长：1985—2008年［J］．世界经济，2011（11）：44-66．

［39］施炳展，曾祥菲．中国企业进口产品质量测算与事实［J］．世界经济，2015（3）：57-77．

［40］施炳展，邵文波．中国企业出口产品质量测算及其决定因素：培育出口竞争新优势的微观视角［J］．管理世界，2014（9）：90-106．

［41］苏理梅，彭冬冬，兰宜生．贸易自由化是如何影响我国出口产品质量的：基于贸易政策不确定性下降的视角［J］．财经研究，2016（4）：61-70．

［42］孙浦阳，侯欣裕，盛斌．服务业开放、管理效率与企业出口［J］．经济研究，2018（7）：136-151．

［43］唐东波．垂直专业化贸易如何影响了中国的就业结构？［J］．经济研究，2012（8）：118-131．

［44］佟家栋，许家云，毛其淋．人民币汇率、企业出口边际与出口动态［J］．世界经济研究，2016（3）：70-85，135．

［45］王孝松，施炳展，谢申祥，等．贸易壁垒如何影响了中国的出口边际？：以反倾销为例的经验研究［J］．经济研究，2014（11）：58-71．

［46］魏浩，连慧君，巫俊．中美贸易摩擦、美国进口冲击与中国企业创新［J］．统计研究，2019（8）：46-59．

［47］魏浩，连慧君，巫俊．中美贸易摩擦、美国进口冲击与中国企业创新［J］．统计研究，2019，36（8）：46-59．

［48］魏浩，连慧君．进口竞争与中国企业出口产品质量［J］．经济学动态，2020（10）：44-60．

［49］魏浩，连慧君．来自美国的进口竞争与中国制造业企业就业［J］．财经研究，2020（8）：4-18．

［50］魏浩，林薛栋．进出口产品质量测度方法的比较与中国事实：基于微观产品和企业数据的实证分析［J］．财经研究，2017，43（5）：89-101．

［51］魏浩，赵春明，李晓庆．中国进口商品结构变化的估算：2000—2014年［J］．世界经济，2016（4）：70-94．

［52］温忠麟，叶宝娟．中介效应分析：方法和模型发展［J］．心理科学进展，2014，22（5）：731-745．

［53］项松林．结构转型与全球贸易增长的二元边际［J］．世界经济，2020（9）：97-121．

［54］许和连，成丽红，孙天阳．制造业投入服务化对企业出口国内增加值的提升效应：基于中国制造业微观企业的经验研究［J］．中国工业经济，

2017（10）：62-80.

［55］许和连，王海成．最低工资标准对企业出口产品质量的影响研究［J］．世界经济，2016（7）：73-96.

［56］许家云，毛其淋，胡鞍钢．中间品进口与企业出口产品质量升级：基于中国证据的研究［J］．世界经济，2017，40（3）：52-75.

［57］许明．市场竞争、融资约束与中国企业出口产品质量提升［J］．数量经济技术经济研究，2016，33（9）：40-57.

［58］闫志俊，于津平．出口企业的空间集聚如何影响出口国内附加值［J］．世界经济，2019（5）：74-98.

［59］严伟涛，赵春明．进口竞争与企业内部工资差距［J］．国际贸易问题，2016（3）：37-46.

［60］杨连星，张杰，金群．金融发展、融资约束与企业出口的三元边际［J］．国际贸易问题，2015（4）：95-105.

［61］易靖韬，蒙双．多产品出口企业、生产率与产品范围研究［J］．管理世界，2017（5）：41-50.

［62］余淼杰，崔晓敏．人民币汇率和加工出口的国内附加值：理论及实证研究［J］．经济学（季刊），2018（3）：1207-1234.

［63］余淼杰，张睿．中国制造业出口质量的准确衡量：挑战与解决方法［J］．经济学（季刊），2017（2）：463-484.

［64］余长林．知识产权保护如何影响了中国的出口边际［J］．国际贸易问题，2015（9）：43-54.

［65］余长林．知识产权保护与中国企业出口增长的二元边际［J］．统计研究，2016（1）：35-44.

［66］张杰，陈志远，刘元春．中国出口国内附加值的测算与变化机制［J］．经济研究，2013（10）：124-137.

［67］张杰，翟福昕，周晓艳．政府补贴、市场竞争与出口产品质量［J］．数量经济技术经济研究，2015，32（4）：71-87.

［68］张杰，郑文平，陈志远，等．进口是否引致了出口：中国出口奇迹的微观解读［J］．世界经济，2014（6）：3-26.

［69］张杰，郑文平，束兰根．融资约束如何影响中国企业出口的二元边际？［J］．世界经济文汇，2013（4）：59-80.

［70］张杰，郑文平．政府补贴如何影响中国企业出口的二元边际［J］．世界经济，2015（6）：22-48.

［71］张明志，季克佳．人民币汇率变动对中国制造业企业出口产品质量的影响［J］．中国工业经济，2018（1）：5-23.

［72］张鹏杨，李众宜，毛海涛．产业政策如何影响企业出口二元边际［J］．国际贸易问题，2019（7）：47-62.

［73］张鹏杨，唐宜红．FDI如何提高我国出口企业国内附加值？：基于全球价值链升级的视角［J］．数量经济技术经济研究，2018（7）：79-96.

［74］赵宸宇．进口竞争能否提高企业创新效率？：基于中国企业层面的分析［J］．世界经济研究，2020（1）：121-134，137.

［75］赵奇伟，熊性美．中国三大市场分割程度的比较分析：时间走势与区域差异［J］．世界经济，2009（6）：41-53.

［76］赵勇，雷达．金融发展、出口边际与"汇率不相关之谜"［J］．世界经济，2013（10）：3-26.

［77］诸竹君，黄先海，余骁．进口中间品质量、自主创新与企业出口国内增加值率［J］．中国工业经济，2018（8）：116-134.

［78］祝树金，钟腾龙，李仁宇．进口竞争、产品差异化与企业产品出口加成率［J］．管理世界，2019（11）：52-71，231.

［79］ACEMOGLU D，AUTOR D，DORN D，et al. Import competition and great US employment sag of the 2000s［J］. Journal of labor economics，2016（36）：141-198.

［80］ACKERBERG D，BENKARD C L，BERRY S，et al. Econometric tools for analyzing market Outcomes［J］. Handbook of econometrics，2007（6）：4171-4276.

［81］AGHION P，BLOOM N，GRIFFITH R，et al. Competition and innovation：an inverted-U relationship［J］. Quarterly journal of economics，2005，120（2）：701-728.

［82］ALTOMONTE C , BARATTIERI A. Endogenous markups, international trade, and the product mix ［J］. Journal of industry competition & trade, 2015, 15 (3): 205-221.

［83］AMITI M, KHANDELWAL A K. Import competition and quality upgrading ［J］. Review of economics and statistics, 2013, 95 (2): 476-490.

［84］AMITI M, KONINGS J. Trade liberalization, intermediate inputs, and productivity: evidence from Indonesia ［J］. American economic review, 2007, 97 (5): 1611-1638.

［85］ARKOLAKIS C, GANAPATI S, MUENDLER M A. The extensive margin of exporting products: A firm-level analysis ［J］. American economic journal: macroeconomics, 2021, 13 (4): 182-245.

［86］AUTOR D H, DAVID D, GORDON H H. The China syndrome : local labor market effects of import competition in the United State ［J］. American economic review, 2013, 103 (6): 2121-2168.

［87］AUTOR D, DORN D, HANSON G H, et al. Foreign competition and domestic innovation: Evidence from US patents ［J］. American economic review, 2020, 2 (3): 357-374.

［88］BALSVIK R, SISSEL J, KJELL G S. Made in China, sold in Norway: local labor market effects of an import shock ［J］. Journal of public economics, 2015 (127): 137-144.

［89］BERNARD A B, EATON J, JENSEN J B, et al. Plants and productivity in international trade ［J］. American economic review, 2003, 93 (4): 1268-1290.

［90］BERNARD A B, BEVEREN I V, VANDENBUSSCHE H. Multi-product exporters and the margins of trade ［J］. Japanese economic review, 2014, 65 (7): 142-157.

［91］BERNARD A B, STEPHEN R J, PETER K S. Multi-product firms and trade liberalization ［J］. Quarterly journal of economics, 2011, 126 (3): 1271-1318.

[92] BERNARD A, JENSEN J B, SCHOTT P. Survival of the best fit: exposure to low-wage countries and the (uneven) growth of U S manufacturing plants [J]. Journal of international economics, 2006 (68): 219-237.

[93] BESEDE T, PRUSA T J. The role of extensive and intensive margins and export growth [J]. Journal of development economics, 2011, 96 (2): 371-379.

[94] BLAUM J, LELARGE C, PETERS M. The gains from input trade in firm-based models of importing [R]. Massachusetts: NBER Working Paper, 2015.

[95] BLOOM N, DRACA M, VAN REENEN J. Trade induced technical change? The impact of Chinese imports on innovation, IT and productivity [J]. The review of economic studies, 2016, 83 (1): 87-117.

[96] BRANDT L, BIESEBROECKJ V, Wang L, et al. WTO accession and performance of Chinese manufacturing firms [J]. American economic review, 2017, 107 (9), 2784-2820.

[97] BRANDT L, VAN BIESEBROECK J, WANG L, et al. WTO accession and performance of Chinese manufacturing firms [J]. American economic review, 2017, 107 (9): 2784-2820.

[98] CHANG Y M, RAZA M M F. Import competition, product quality reversal, and welfare [J]. Economics letters, 2018, 163 (C): 162-166.

[99] COLANTONE I, CRINÒ R. New imported inputs, new domestic products [J]. Journal of international economics, 2014, 92 (1): 147-165.

[100] DE LOECKER J, WARZYNSKI F. Markups and firm-level export status [J]. American economic review, 2012, 102 (6): 2437-2471.

[101] DEAN J M, FUNG K C. Measuring vertical specialization: the case of China [J]. Review of international economics, 2011, 19 (4): 609-625.

[102] FAN C S, WEI X. The law of one price: evidence from the transitional economy of China [J]. Review of economics and statistics, 2006, 88 (4): 682-697.

[103] FAN H, LI Y A, YEAPLE S R. On the relationship between quality

and productivity: evidence from China's accession to the WTO [J]. Journal of international economics, 2018, 110 (1): 28-49.

[104] FEENSTRA R C, LI Z, Y U M. Exports and credit constraints under incomplete information: Theory and evidence from China [J]. Review of economics and statistics, 2014, 96 (4): 729-744.

[105] FEENSTRA R C, MA H, XU Y. US exports and employment [J]. Journal of international economics, 2019 (120): 46-58.

[106] FEENSTRA R C, SASAHARA A. The "China shock", exports and US employment: A global input-output analysis [J]. Review of international economics, 2018, 26 (5): 1053-1083.

[107] FENGL, LI Z, SWENSON D L. The connection between imported intermediate inputs and exports: evidence from Chinese firms [J]. Journal of international economics, 2016, 101 (7): 86-101.

[108] FERNANDES A M, PAUNOV C. Does trade stimulate product quality upgrading? [J]. Canadianjournal of economics, 2013, 46 (4): 1233-1264.

[109] FIELER C A, HARRISON A. Escaping import competition and downstream tariffs [R]. Massachusetts: NEBR Working Paper 24527, 2017.

[110] FOSTER N. Intellectual property rights and the margins of international trade [J]. Journal ofinternational trade economic development, 2014, 23 (1): 1-30.

[111] FREEDMAN L S, BARRY I G, ARTHUR S. Statistical validation of intermediate endpoints for chronic diseases [J]. Statistics in medicine, 1992, 11 (2): 167-178.

[112] GERVAIS A. Product quality and firm heterogeneity in international trade [J]. Canadian journal of economics, 2015, 48 (3): 1152-1174.

[113] GREENLAND A, JOHN L. Import exposure and human capital Adjustment: evidence from the U.S. [J]. Journal of international economics, 2016 (100): 50-60.

[114] HOMBERT J, MATRAY A. Can innovation help U.S. manufacturing

firms escape import competition fromChina? [J]. Journal of finance, 2018 (10):
2003-2039.

[115] HOMBERT J, ADRIEN M. Can innovation help U. S. manufacturing
firms escape import competition from China? [J]. The journal of finance, 2018, 73
(5): 2003-2039.

[116] HUMMELS D, ISHII J, YI K M. The nature and growth of vertical
specialization in world trade [J]. Journal of international economics, 2001, 54
(1): 75-96.

[117] HUMMELS D L, RASMUS J R, JAKOB M , et al. The wage effects
of offshoring: evidence from Danish matched worker-firm data [J]. American eco-
nomic review, 2014, 104 (6): 1597-1629.

[118] KAMAL F, LOVELY M E. Import competition from and offshoring to
low-income countries: Implications for employment and wages at US domestic man-
ufacturers [J]. Journal of asian economics, 2017 (48): 100-119.

[119] KASAHARA H , LAPHAM B. Import Protection as Export Destruction
[R]. Ontario: Department of Economic Queen's Working Paper, 2006.

[120] KEE H L, TANG H. Domestic value added in exports: theory and firm
evidence from China [J]. The american economic review, 2016, 106 (6):
1402-1436.

[121] KHANDELWAL A K, SCHOTT P K, WEI S. Trade liberalization
and embedded institutional reform: evidence from Chinese exporters [J]. American
economic review, 2013, 103 (6): 2169-2195.

[122] KHANDELWAL A. The long and short (of) quality ladders [J].
Review of economics studies, 2010, 77 (4): 1450-1476.

[123] KOOPMAN R, WANG Z, WEI S J. Estimating domestic content in ex-
ports when processing trade is pervasive [J]. Journal of development economics,
2012, 99 (1): 178-189.

[124] KUGLER M , VERHOOGEN E. Prices, plant size, and product qual-
ity [J]. Review of economic studies, 2012, 79 (1): 307-339.

［125］LIU Q, LU R, LU Y, et al. Import competition and firm innovation: evidence from China ［J］. Journal of development economics, 2021, 115 (2): 102650.

［126］LIU R , ROSELL C. Import competition, multi-product firms, and basic innovation ［J］. Journal of international economics, 2013, 91 (2): 220-234.

［127］MARTIN J , MEJEAN I. Low-wage country competition and the quality content of high-wage country export ［J］. Journal of international economics, 2014, 93 (1): 140-152.

［128］MELITZ M J, OTTAVIANO G I P. Market size, trade, and productivity ［J］. Review of economic studies, 2008, 75 (1): 295-316.

［129］MELITZ M J. The impact of trade on intra-industry reallocations and aggregate industry productivity ［J］. Econometrica, 2003, 71 (6): 1695-1725.

［130］MINETTI R, ZHU S C. Credit constraints and firm export: Microeconomic evidence from Italy ［J］. Journal of international economics, 2015, 83 (2): 109-125.

［131］MION G, LINKE Z. Import competition from and offshoring to China: a curse or bless for firms ［J］. Journal of international economics, 2013 (89): 202-215.

［132］MION G, ZHU L. Import competition from and offshoring to China: a curse or bless for firms ［J］. Journal of international economics, 2013, 89 (1): 202-215.

［133］NEVO A. Measuring market power in the ready-to-eat cereal industry ［J］. Econometrica, 2001, 69 (2): 307-342.

［134］PARSLEY D C, WEI S J. Convergence to law of one price without trade barriers or currency fluctuations ［J］. Quarterly journal of economics, 1996, 111 (4): 1211-1236.

［135］PIVETEAU P, SMAGGHUE G. A new method for quality estimation using trade data: an application to French firms ［R］. New York: Columbia University Working Paper, 2013.

［136］ SOBEL E M. Direct and indirect effects in linear structural equation models ［J］. Sociological methods & research 1987, 16 (1): 155-176.

［137］ STIGLITZ J E. The causes and consequences of the dependence of quality on price ［J］. Journal of economic literature, 1987, 25 (1): 1-48.

［138］ URIBE-ECHEVARRIA A M, SILVENTE F R. The intensive and extensive margins of trade decomposing exports growth differences across Spanish regions ［J］. Investigaciones regionales-Journal of regional research, 2012 (23): 53-76.

［139］ WANG Z, WEI S J, ZHU K F. Quantifying international production sharing at the bilateral and sector level ［R］. Massachusetts: NBER Working Paper, 2013.